EL AM♥R EN LOS TIEMPOS DEL FACEBOOK

EL MENSAJE DE LOS VIERNES

DANTE GEBEL

EL MENSAJE DE LOS VIERNES

HarperCollins *Español*

Editora en Jefe: *Graciela Lelli*
Edición: *Marta Liana García*
Diseño interior: *Grupo Nivel Uno, Inc.*

ISBN: 978-0-82975-874-0

Impreso en Estados Unidos de América
16 17 18 19 20 DCI 6 5 4 3 2 1

Porque solo quien fue criado por una reina,

sabe cómo tratar a una princesa.

A mi mami amada:

cómplice, eterna enamorada, loca,

ocurrente, mujer, actriz, vaga...

¡qué manera de extrañarte!

¿Volamos?

Vives dentro de mí
en el alma te siento
me alimento de ti
no te aparto un momento.

Para amarte nací
te escapaste de un cuento,
que de niño aprendí
te esperaba y no miento...[1]
(Armando Larrinaga)

Contenido

Un libro casi por accidente

Todo comenzó un viernes lluvioso, en el que decidí «postear» en mi perfil de Facebook algunas frases románticas extraídas del cine. Mencioné que aunque sonaran cursis debido a que provenían de la factoría de Hollywood, quizá podía ser una manera de enamorar a alguien, lo cual no es poco si se está solo. También alenté a los varones a tomar la iniciativa, a pelear por el amor de sus vidas, corriendo cualquier riesgo que fuera necesario.

Inmediatamente tuvo casi diez millones de «me gusta» y se revolucionó la red. Gente de todo el mundo, de ambos sexos, de todas las edades, comenzaron a comentar el texto como si se tratara de un gran hallazgo. «¡Ya era hora! ¡Necesitamos enamorarnos!», escribió en letra de imprenta varias veces una joven de Sudamérica.

«Gracias por no tener miedo a sonar cursi, pero los hombres también sentimos», me alentó un caballero desde Canadá.

No sabía bien qué había sucedido, pero me sentí entre asombrado y aturdido, pensando que quizá todo había sido producto de alguna casualidad.

El siguiente viernes intenté con otro texto titulado: «Yo invito», y ocurrió algo similar, solo que ahora todo el mundo reclamaba que siguiera escribiendo textos con el mismo tenor.

Aclaro que nunca me he dedicado a este tema en particular, pero resultó que el romanticismo había sido un artículo de lujo en el mundo de las redes sociales y, sin proponérmelo, había dado con un nicho casi no explorado: el romanticismo en su máxima expresión.

Así que, sin quererlo, se nos fue haciendo una maravillosa costumbre, justo antes de comenzar el fin de semana, durante casi dos años escribía algo acerca del amor, de los desencuentros, de los amores no correspondidos, de lo que piensan las mujeres y los caballeros. Junté material de donde pude, le pedí a amigos escritores que me ayudaran, y los mismos lectores enviaron sus colaboraciones de distintas partes del mundo, grandes escritores y otros escritores anónimos.

Algunas frases son extraídas del inmenso universo de la red, otras simplemente fueron surgiendo cada viernes, de «alguien que escuchó de alguien más, que a su vez lo leyó en alguna parte, cierta vez», o sea, no dudo que reconozcas alguna frase que una vez dijiste y llegaron a mis oídos, aunque vivas en la otra punta del mundo globalizado.

Por eso cuando la editorial me propuso condensar todos estos apuntes en un libro, mi primer instinto fue negarme, ya que al leerlos todos juntos, se parecían a una casi desprolija crónica acerca del amor, una condensación de apuntes que surgen del alma, pero que en definitiva provienen del mayor sentimiento que nos regaló nuestro Dios.

Finalmente nos animamos con este proyecto, porque terminó siendo uno de esos libros que puedes leer desordenadamente, desde cualquier capítulo, sin seguir un orden, y sin preocuparte por cómo continuará. Y según tu estado de ánimo, lo puedes leer de atrás para adelante, por la mitad, o en donde la providencia divina te lleve a abrir el libro. De hecho, algunos textos puedes leerlos una y otra vez, y siempre tendrán un significado diferente, según como tu corazón esté ese día.

Por eso, antes de que te sumerjas en el mundo del amor, quiero aclararte que este es uno de esos libros que nacen por casualidad, casi por accidente; aunque dicen que suelen ser los más eficaces, y eso lo determinará el tiempo.

No te sientas mal de expresar
tu legítima necesidad de tener
un amor para toda la vida.
Porque somos seres sociales
y necesitamos de la relación para ser.[1]

2

Amor en el mismo idioma

A través de los años, los hombres se siguen preguntando: «Y ¿qué quieren las mujeres?»; para serte honesto, si pudiéramos responder eso en un par de frases, no serían mujeres, ni serían interesantes. Justamente lo que enamora de una mujer es ese misterio que no terminamos de descifrar y que nunca podremos decodificar en su totalidad. Nuestro cerebro tan simple no logra comprender la complejidad de la mente femenina.

Por eso es que muchos hombres se enamoran de alguien que no les corresponde, o lo que es peor, no saben cómo enamorarla, porque no logran decodificar las señales femeninas. El error que suelen cometer los hombres es regalar su tiempo a una mujer que solo quería saber la hora.

En algún momento solemos pensar: *A una loca como ella, le falta un tornillo como a mí,* pero luego descubres que en realidad no estaba ni tan loca, ni le hacías falta tú. En resumen, las mujeres terminan siendo como los chinos: nadie las entiende, pero ¡están dominando el mundo!

Por esa misma razón es que no tengo la receta infalible para enamorar a una mujer (de hecho, ¡creo que ningún hombre la tiene!), pero he aprendido que un caballero enamorado debe hacer, mínimamente, ciertas cosas esenciales, a saber:

- Cuando ella se enoje contigo y se vaya, síguela.
- Cuando te empuje o intente golpearte, abrázala y no la dejes ir.
- Cuando empiece a maltratarte, bésala y dile cuánto la amas.
- Cuando se quede callada, pregúntale qué le sucede.
- Cuando te ignore, dale tu atención.
- Cuando quieras besarla o abrazarla, y se haga para atrás, abrázala muy fuerte.
- Cuando la veas llorando, no le digas nada, solo abrázala.
- Cuando la veas caminando, corre hacia ella y abrázala.
- Cuando esté asustada, hazla sentir protegida.
- Cuando ponga su cabeza en tu hombro, acaricia su cabello.
- Cuando la veas mal, hazla reír.
- Cuando no te contesta por mucho tiempo, asegúrate de que todo esté bien.

- Cuando parezca que tiene frío, dale tu saco o lo que tengas encima.
- Cuando dice que te quiere, en verdad te quiere más de lo que te imaginas.
- Cuando agarre tu mano, agarra la mano de ella.
- Cuando te cuente un secreto, guárdalo muy bien.
- Cuando te mire fijamente a los ojos, no despegues tu mirada hasta que ella lo haga (eso es determinante, tú nunca bajes la mirada antes que ella).
- Cuando te extraña, ella sufre, pero no siempre te lo dirá.
- Cuando le rompes el corazón, puede perdonar pero el dolor nunca se le irá; ellas tienen una memoria de muchos más megas que nosotros, no te imaginas lo que pueden almacenar en ese disco duro.
- Cuando esté muy enojada contigo, abrázala fuerte y no la sueltes.
- Cuando le preguntes si todo está bien, y te dice inmediatamente que sí, no le creas; ella esperará que se lo vuelvas a preguntar.

Sé lo que estás pensando: *¿Pero qué debo hacer si ella ni siquiera es mía?* Aun así, no bajes los brazos, tú puedes enamorarla, solo tienes que trabajar más duro. Ella se va a dar cuenta de que se topó con alguien que la valora más que, incluso, aquella persona que a lo mejor está a su lado. El llegar último a su corazón no significa que eres el menos importante en su vida, significa que los anteriores no han sido tan especiales como para quedarse.

Si estás en plan de enamorarla, no te apures a decirle: «Te amo» (las mujeres van a odiarme por esto) porque le darás todo el poder a ella, es mejor que te guardes esas palabras para cuando estés completamente seguro de que su corazón es tuyo. Porque si ahora ella se siente segura de lo que sientes, usará la poderosa arma de la indiferencia contra ti. Tienes que lograr hacerte indispensable para su vida. En plan de enamorarla, más vas a ganar de la dependencia que de la cortesía; pero si huele que estás completamente loco por ella (y te aseguro que lo huelen a millas de distancia) dejarás de ser interesante, que es justamente lo que a ella le llama la atención de un hombre.

Un hombre razonablemente enamorado puede actuar como un romántico loco, pero no debería ni puede actuar como un imbécil nunca, dijo un gran autor alguna vez. Si logras que ella deje de admirarte, habrás perdido la batalla. Sin que seas un egocéntrico ni un petulante, debes mostrarte siempre muy seguro; es eso lo que llama la atención de una dama de forma tan milagrosa y poderosa.

Que quede claro que estar seguro de ti mismo, no significa que seas un superhéroe; recuerda que en toda mujer hay un instinto maternal de querer cuidar y proteger, por eso siempre es bueno que también sepas reírte de ti mismo. Si ella te admira y te ve cometer alguna torpeza, te admirará aun mucho más, porque al equivocarte, reconocerlo y reírte de ti mismo, no solo te humaniza, sino que le despertará ternura y ganas de cuidarte.

Tienes que tomarte el tiempo para conocerla. No pienses en ella en términos sensuales; aun si lograste llamar su atención, ella no está pensando en tus músculos, tu mandíbula o en tu nuevo peinado; ella no piensa como normalmente lo haría un hombre que no deja de pensar en el rostro de ella o en su cuerpo.

Tal vez ella se duerma pensando en ti y alguna noche susurre: «Cómo quisiera que estés aquí para abrazarme hasta que me duerma», pero no lo hace en términos sexuales. Simplemente está queriendo lisa y llanamente un abrazo cariñoso.

A ella la enamora tu personalidad, tu estilo. Tu tarea consiste en conocer sus puntos fuertes y sus puntos débiles, ese es el arte de mover las voluntades. Es más una destreza que una determinación. Es saber por dónde vas a poder entrar a su corazón. Primero tienes que conocer su carácter y luego ayudarla a reforzar sus partes débiles, eso resulta irresistible. Ella sabrá que es mejor persona cuando está contigo y que tú descubriste lo que nadie más vio en ella, o lo que es mejor, lo que otros dan por sentado y ya no se lo hacen notar. Eso te hará único e indispensable, ya que sacaste a la luz la mejor versión de ella.

Si por otro lado eres celoso, tienes que serlo sutilmente. A ella le agradará saber que no quieres compartirla con nadie, pero no deben ser celos enfermizos, sino del tipo: «Tengo miedo de que alguien más descubra lo increíble que eres». Esos son celos que halagan y enamoran.

Si sigues al pie de la letra estos humildes consejos, no te prometo que caerá inmediatamente rendida a tus pies, pero te aseguro que te transformarás en el culpable de sus «no sé qué voy a ponerme hoy...», para más tarde terminar descubriendo la pequeña puerta de cómo entrar a su corazón y quedarte para siempre.

Hay mujeres a las que puedes enamorar con una sonrisa, hay mujeres a las que puedes enamorar con dulces palabras, incluso están las que puedes enamorar con un beso; para todas las demás... existen las tarjetas de crédito.

No hables tosco, torpe ni duro a quien amas.
Habla suave. Habla dulce. Habla de tal manera
que vengan los cambios, y no de tal forma que su
corazón se cierre. Reclama cambios cuando
así corresponda, pero no olvides que tú eres
el primero al que no le deba costar cambiar.
No pongas condiciones tales como
«si no cambia...», y tú no estés dispuesto
a cambiar en eso que exiges en ella cambiar.
Eso es simplemente falta de autoridad.

Aprende a pedir perdón, y no tengas problema
para concederlo de la misma manera.
Por otro lado, no hagas del pedir perdón
una cultura ni un campeonato.
Se supone que debes querer y poder aprender
de tus errores, ya que los errores te han llevado
justamente a pedir perdón. Pedir perdón
y volver a cometer el mismo error una y otra vez,
suena a falta de respeto, a un juego practicado
por un gran inmaduro.

3

Mensajes de texto

—Hola, mi princesa. Solo quería decirte que me enamoré de la persona más inesperada en el momento más inesperado, por eso no voy a descansar hasta que seas parte de mi vida.

—Eso lo leí en los mensajes de los viernes que «postea» Dante...

—¡Me descubriste! Reconozco que me cuesta resumirte todo lo que siento en mis propias palabras, así que le robé algunas frases a él, pero te aseguro que el corazón que las dice es el mío. Además, él también las roba de alguna parte.

—Ja ja; ¡tú siempre me haces reír!

—¿En serio? Me dijeron que para enamorar a una mujer había que hacerla reír, pero cada vez que te ríes, ¡el que se enamora más soy yo!

—¿Y por qué estás tan seguro de que yo siento lo mismo por ti?

—Porque aunque no estamos juntos siempre, estoy seguro de que los dos nos despertamos pensándonos...

—No te puedo negar que a veces pienso un poco en ti.

—¿A veces? Yo siempre deseo que tú seas lo primero que vea al despertar y lo último que vea antes de dormir, pero como por ahora es imposible, me tengo que conformar con que seas lo primero que vea al dormirme y lo último antes de despertarme, así que cuando te estoy soñando siempre te digo: «¡Bésame rápido que ya tengo que despertarme!».

—¡Me dejaste derretida con esa frase! Esta semana me sentía un poco triste; me alegraste la mañana. ¡Gracias por hacerme sentir tan bien!

—¿Viste? Aunque lo niegues, el amor que sientes por mí controla tu estado de ánimo. Además, yo puedo notar la tristeza de tus ojos, mientras que todos los demás se dejan engañar por tu sonrisa...

—¡Eres terrible! Aprendiste cómo envolver a una mujer; me quieres hacer sentir como una reina, ¡pero no lo vas a lograr!

—Eres una reina y no te quiero envolver, te quiero enamorar. Me da igual que seamos diferentes, que pensemos distinto, que no seamos compatibles, pero me basta coincidir contigo en querer estar juntos para siempre.

—¡Wow! ¿Algo más?

—Haces que quiera mejorar cada día. Cambiaste el argumento de mi vida. Estoy hecho a tu medida, si me faltas estoy incompleto. Oír tu nombre me estremece, pronunciarlo me alivia, escribirte me llena el alma.

—¡Estás hecho un poeta! Ahora sí que me dejaste sin palabras...

—Tú y yo no necesitamos palabras, con mirarnos sabemos todo el uno del otro; cada vez que me miras, desnudas mi alma. Cuando te veo, sueño, y cuando sueño, te veo. Cuando miro tus ojos me tiemblan las piernas, me da un vuelco el corazón, se me agita la respiración... ¿será porque te amo? Te lo voy a decir sin más vueltas: no hay cosa en el mundo que me hiciera más feliz, que envejecer junto a ti.

—...☺

—Me encanta cuando te ríes, me encanta cuando lloras, cuando hablas o te emocionas, cuando te muerdes los labios, cuando suspiras, cuando revoleas los ojos, cuando empalideces, cuando te sonrojas... me encantas toda.

—¡Basta! Me estás haciendo llorar.

—Bueno, por lo menos te produzco algo ¿Para qué quieres que te diga que te amo, si mis ojos te lo dicen a gritos? Si mis ojos ya te lo dicen, no le pidas a mis labios que te lo expliquen.

—Bueno, te tengo que dejar... ya tengo que entrar a casa. Al final, estás logrando que te empiece a extrañar.

—¿Cómo vas a extrañar mis besos si no sabes cuál es el sabor de mi boca? ¿Cómo vas a extrañar mis abrazos si no sabes cómo aprieto? ¿Cómo vas a extrañar olerme si no sabes cuál es mi aroma?

—Bueno, ¡basta! En el supuesto caso de que me estuviese enamorando (y no te estoy asegurando que lo esté), ¿estás seguro de que esto sea una buena idea?

—No lo sé. Sé que no va a ser fácil, pero también te garantizo que si no te pido que seas mía me voy a arrepentir durante el resto de mi vida porque sé en lo más profundo de mi ser, que estás hecha para mí. Te amé incluso antes de verte por primera vez.

—No me gusta sentirme así. Hablo contigo y siento que hay cosas que no puedo controlar, y en el fondo, eso me molesta. No quiero sentirme como una nena de quince, ¡ya soy una mujer grande!

—Me gusta que no estés al control. El amor es conocer a alguien que pone tu mundo de cabeza. Vivir sin enamorarse perdidamente es no haber vivido en absoluto.

—Te confieso que el otro día que me saludaste, me quedó impregnado tu perfume durante todo el día.

—Por algo se empieza. Gracias por existir; de no haberte conocido, te inventaría tal como eres. Es difícil creer que no te ame toda la gente solo con verte, ¿O solo es algo que me pasa a mí?

—No sé, nunca nadie me había hablado así. Ahora sí, te tengo que dejar.

—Te amo.

—...☺

—¿Esa carita significa que también me amas?

—Es una carita, punto.

—Ok; me debes un beso.

—Que yo sepa, no te debo nada.

—Entonces te lo tendré que robar cuando te vea...

—Chau.

4

Diario de un aprendiz

A los cinco años aprendí que a un gran perro, aunque sea tuyo, nunca hay que quitarle la comida de la boca (aún conservo la cicatriz en mi frente).

A esa misma edad aprendí que debes vencer la vergüenza de pedir permiso para ir al baño, o la vergüenza podría ser aún peor.

A los seis aprendí con dolor, que aquel amor no solo era imposible sino que estaba condenado al fracaso, ya que mi maestra me llevaba unos cuarenta años, solo me veía como a un niño, y me engañaba con otros veinticuatro compañeritos de mi propia clase.

A los siete aprendí que si bien Dios había sanado a mi madre, aun así ella podía morirse de tristeza de un momento a otro, si es que yo no me portaba bien.

A los ocho aprendí que mi maestra solo me preguntaba cuando yo no sabía la respuesta.

A los nueve aprendí que la mejor manera de conquistar el corazón de una nena de la clase (que además me permitía copiarme de su examen), no era tirándole el cabello, pellizcándola o arrojándole piedras en el patio.

A los diez aprendí que si tenía problemas en la escuela, los tendría más grandes en mi casa.

A los once aprendí que nunca podría llevarme bien con mi hermano y nunca seríamos amigos, aunque algún día ambos nos hiciéramos adultos.

A los catorce aprendí que nunca sería el mejor alumno de la secundaria, pero sí podía ser muy popular dibujando a todos los profesores, incluyendo al director.

A los quince aprendí que no debía descargar mis frustraciones levantándole la voz a mi madre, porque mi padre tenía frustraciones mayores y la mano más pesada.

También a los quince aprendí que me arrepentiría por el resto de mi vida por aquella decisión que decidí no tomar y ese riesgo que decidí no correr.

A los dieciséis aprendí que jamás iba a dedicarme a trabajar en aquello que había estudiado, tal como querían mis padres (¡técnico electrónico!).

Fue a esa misma edad cuando aprendí que si trabajas en una carpintería junto a tu padre, nunca debes distraerte, porque podrías perder dos de tus dedos.

A los diecisiete aprendí que podía comprar mi propia libertad y ganarme la vida usando los talentos que Dios me había regalado.

A los diecinueve aprendí que los grandes problemas siempre empiezan siendo pequeños, y que estar enamorado del amor, no significaba necesariamente estar enamorado.

En ese año también aprendí que era mejor arrepentirse frente al altar (y ocasionar un escándalo), antes que fuese demasiado tarde.

A los veintiuno aprendí que si no luchas por quien realmente amas, alguien más lo hará y podría quitarte lo que más quieres.

A los veinticinco aprendí que si le creía a Dios como un niño, mi vida ya no tendría límites.

Y fue en ese mismo año cuando también aprendí que no debía escuchar a los adultos que alegaban conocer a Dios y lo que Él quería.

A los treinta aprendí que aún no había experimentado lo mejor de mi vida y por alguna razón lo que estaba por delante sería mucho más asombroso.

♡

Pero ahora que lo pienso bien, fue después de los cuarenta cuando más aprendí.

Aprendí que por no confrontar a tiempo y decir las cosas en tiempo real, luego te puede costar muchísimo tiempo, energía, dinero y hasta parte de tu salud, el quitarte a alguien tóxico de tu entorno.

Aprendí a desarrollar la capacidad de eliminar a ese tipo de gente de mi universo para no tener resentimientos o cuentas pendientes; simplemente es como si jamás hubiesen existido; en cuestión de días hasta me cuesta recordar sus nombres.

Aprendí que no se cometen muchos errores con la boca cerrada.

Aprendí que no tienes que quedarte ni un solo minuto más en un lugar en donde no te respetan y te quieren controlar o decir lo que tienes que hacer o decir; y no importa si muchos otros deciden quedarse (la frase: «Come estiércol, millones de moscas no pueden estar equivocadas», jamás aplicó en mi vida).

Aprendí que siempre que estoy viajando quisiera estar en casa.

Aprendí que nunca me gustarán los aviones.

Aprendí que no importa cuán cómodo pueda viajar o en qué aerolínea; de igual modo nunca me gustará viajar y estar lejos de casa.

Aprendí que puedo estar hospedado en un lujoso hotel frente al Caribe, pero no lo disfrutaré si mis niños no están allí conmigo.

Aprendí que si estás llevando una vida sin fracasos, no estás corriendo los suficientes riesgos.

Aprendí a honrar a aquellos que realmente me apoyaron en los inicios y a mencionar un poco menos a aquellos que se acercaron más tarde.

Aprendí también:

Que puedo hacer que alguien sea más feliz con solo regalarle una sonrisa o preguntándole cómo ha pasado el día.

Que algunos quieren correr a mi lado, y tan pronto se cansan quieren que yo me siente a esperarlos.

Que no tengo que ir a donde no quiero estar, solo por cumplir o para que no piensen mal (regalarme el NO fue lo mejor que pude haber hecho).

Que no tengo muchos amigos, pero los poquitos que tengo son tesoros invaluables.

Que a un verdadero amigo del alma no es necesario buscarlo, aparecerá en tu vida y se meterá en tu corazón, justo cuando Dios sepa que lo estás necesitando.

Que nadie puede comprarme con dinero, ya que soy un hombre rico en todos los sentidos. (La frase «rico no es el que más tiene, sino el que menos necesita», sí aplica a mi vida).

Que cuando tienes el favor de Dios en tu vida, generas amor u odio, pero jamás indiferencia.

Que es razonable disfrutar del éxito, pero es mejor no confiar demasiado en él.

Que no puedo cambiar lo que pasó, pero sí hacer que no se repita.

Que la mayoría de las cosas por las cuales me he preocupado toda la vida, nunca han sucedido.

Que todos conocen al personaje público, pero a muy poquitos les interesa conocerme en la intimidad y averiguar si realmente soy un buen hombre.

Que envejecer es importante y mucho más extraordinario, porque ahora empiezo a contar con el capital de una juventud bien vivida.

Que algunos de los que se consideran tus mentores, estarán a tu lado siempre y cuando no represente una amenaza para ellos y mucho menos intentes superarlos.

Que aquello que no te animas a decir o hacer en determinada ocasión única, quizá la vida no te permita una segunda oportunidad.

Que nunca debes firmar contratos muy largos.

Que nunca tienes que abrirte del todo, con todos.

Que aquellos que me critican sin piedad, sonríen nerviosos y piden sacarse una foto conmigo cuando me ven personalmente. («La crítica es el homenaje que la envidia le hace al éxito»).

Que aquellos que hablan mucho del Reino, suelen ser los mas egoístas y solo velan por su propio palacio.

Que es divertido contestarles a los religiosos como lo hacía Jesús y mucho más aún cuando ellos, sin saberlo, trabajan para mí, promoviéndome.

Que cuando amas de verdad, te vuelves vulnerable y te muestras tal cual eres; pero aun así es un sentimiento maravilloso, que no cambiaría por ningún otro.

Que cuando te mantienes enamorado, brillas y te ves eternamente joven.

Que las llaves de ciertos sectores del corazón son únicas y no admiten copias.

Que cuando abres tu corazón podrían lastimarte, pero incluso así vale la pena el riesgo.

Que a la mujer no hay que tratar de comprenderla, sino amarla.

Que estoy dispuesto a esperar el resto de mi vida por aquello que realmente vale la pena y los años que tenga que invertir para lograrlo.

Que no importa lo que hagas para ganarte el cariño de quienes no te quieren, de igual modo, siempre hablarán mal de ti.

Que aunque seas un adulto, aún te puedes permitir llorar como un niñito el día que tienes que dejar morir a la mascota de tus hijos.

Que cuando estoy muy abrumado, quiero que llueva y estar dibujando o escribiendo en mi añorada casa junto al faro, en algún lugar del mundo en donde sea que quede ese sitio, si es que acaso existe.

Que disfruto escribir como escribo y hablar como hablo, porque unos pocos no entienden nada, la mayoría entiende algo, pero algunos otros que aprendieron a leerme entre líneas, saben exactamente lo que quiero e intento decir con cada frase (adoro esa implícita complicidad).

Que Dios sigue creyendo en mí como cuando yo tenía cinco años.

Que puedo bloquear de mi perfil de Facebook a quienes llegan para arrojar su «diarrea verbal» o sus cargas de veneno, sin sentir la más mínima culpa, pero sí con esa sensación única y fascinante de estar higienizando el patio de mi casa.

Que no importa que tan mal me vaya, siempre podré tomar un papel, un lápiz y volver a dibujar.

Que si me tuviera que morir mañana, he pagado mi derecho a vivir, y que si llego a convertirme en un anciano, de algún modo también me lo habré ganado.

Pero por sobre todo, aprendí que aún a los cuarenta y ocho años puedo seguir aprendiendo y ser un mejor hombre de lo que he sido hasta ahora, lo cual no es poco para un tipo de mi edad.

Recuerda que no todos los que han muerto, necesariamente han estado vivos. Después de todo, si pasas por la vida sin haber aprendido nada y sin haber amado, es como no haber vivido nunca.

Inviertan tiempo para conocerse mutuamente,
y respeten los límites que eso impone.
Indaguen las posiciones de vida
que el otro sostiene en todas las áreas.
No llenen cuestionarios,
ni varios «múltiple choices»,
de tal modo que cierta cantidad de preguntas
respondidas satisfactoriamente den por
resultado un amor.

Evita por todos los medios irte de tu casa.
Para algunos eso ya es como liderar un ranking.
Quien se acostumbra a irse en cada desacuerdo
«a la casa de su mamá», se acostumbra no solo a no
resolver los problemas, sino a dilatarlos en el tiempo.
Conclusión: problema no resuelto en el tiempo,
bomba de tiempo a explotar en cualquier momento.
No juegues con la amenaza de irte para provocar
que él o ella acceda a tus demandas.

5

Ayer nos volvimos
a encontrar...

Él: Pareciera que el tiempo no pasó.
Ella: Me pregunto si todavía le importo.

Él: Hasta se ve mejor que antes.
Ella: No podía dejar de mirarlo.

Él: Le pregunté cómo había estado.
Ella: Le pregunté por su nueva novia.

Él: La preferí otra vez, antes que a cualquier otra.
Ella: Probablemente ahora él es feliz con ella.

Él: Ni siquiera puedo mirarla sin llorar.
Ella: Ni siquiera me miró a los ojos.

Él: Le dije que la extrañaba.
Ella: El no lo dijo en serio, solo fue un cumplido.

Él: La amo.
Ella: El ama a su nueva novia.

Él: La abracé por última vez.
Ella: Me dio un abrazo de amigos.

Él: Después que llegué a mi casa, lloré.
Ella: Después que llegué a mi casa, lloré.

Él: La perdí.
Ella: Lo amo.

Como verás, nos acostumbramos a hacer turismo emocional y nunca decimos lo que realmente nos pasa. Por eso muchas fabulosas historias de amor se truncan antes de empezar; solo porque aunque se amaban con locura, no tenían la capacidad de comunicarlo en el mismo idioma. Ella no está buscando a alguien que la comprenda, solo necesita que la amen.

6

«Espiritualoides»

Por alguna razón hay toda una generación que cree que la mejor forma de conquistar a una mujer es mostrándose «espiritualoides» (no busquen la explicación a la palabra, la inventé mezclando el término espiritual con androide).

Y no hay peor cosa para una dama que un hombre le salga con versículos bíblicos (y mantengo esta opinión aunque algunos quieran quemarme en una hoguera pública) o le diga cosas como: «Siento cosas por ti... pero por ahora lo estoy orando» o «¿Por qué no tomamos un tiempo para orar y confirmar si lo nuestro ha nacido en el corazón del Señor?», esta última frase suele ser muy trillada, pero a mí siempre me costó entenderla.

Se supone que si la amas, la amas y punto; o ya oraste antes, u orarás durante el tiempo que te tardes en conquistarla, pero no creo que a ella la enamore que le digas la frase: «Te estoy considerando en oración»; porque suenas a un beduino que no está seguro de si finalmente va a comprarse el camello o no. No debe haber algo que mate la pasión más que eso. Insisto: ora todo lo que necesites orar, ¡pero no trates de conquistarla diciéndoselo! Suena a: «No te ilusiones mucho... aún lo estoy orando, no quiero meter la pata». Esa inseguridad es la que espanta las pocas posibilidades de que una mujer se enamore. O la amas o no la amas, no existe la zona gris. Si la amas, pelea hasta la muerte por ella; si no la amas, no tienes de que preocuparte.

Que quede claro que no estoy en contra de la oración, pero me enferma escuchar a esos tipos que «le dejan el trabajo a Dios» y me dicen cosas como: «Si ella es para mí, yo sé que tarde o temprano Dios me la va a dar» (¿?). O sea que según su teoría, una de estas noches la va a agarrar Dios por la fuerza y se la va a tirar a sus pies, solo porque ¡él está orando! Que haga lo mismo con el estudio (que ore y el profesor le diga que no hace falta rendir examen, que ya «sintió» de Dios que él estudió), que tampoco busque empleo (que ore y que los empleadores lo vengan a buscar a su casa). No señor, Dios bendice al varón valiente y esforzado, no al cobarde y pusilánime.

Por otra parte, ¿quién les metió esa idea cobarde en la cabeza: que si parecen más espirituales, ellas se van a enamorar? Si realmente eres espiritual, tarde o temprano ella lo va a notar, cuando la respetes, la valores, la dignifiques y, por sobre todo, cuando la conquistes como un hombre, tal como Dios te creó para que fueras. Ella necesita tener un hombre al lado, si quisiera saber más de la Biblia, se compraría una concordancia.

Muchachos, a las mujeres se las conquista por el oído, ese es el verdadero «punto G», quien busque más abajo, solo está perdiendo el tiempo. Palabras, detalles, conversación, encanto, sensibilidad. No hay nada que seduzca más a una mujer que un caballero a la antigua: gentil, amable, varonil (no macho retrógrado, dije varonil), alegre, refinado, comunicativo, sencillo, interesante, romántico, prudente, temerario, previsible, detallista (recordar cada palabra que ella te dice es vital), misterioso, seguro, que siempre huela bien (determinante) y que tenga cierto toque de «niño desprotegido» (no te confundas, dije «cierto toque» que despierte su instinto maternal de cuidarte, no un niño para criar). Que la haga reír, pero que también la haga sentir segura.

Y no me salgas con: «¿Y si me rechaza, cómo hago para soportarlo?»; ¡sé hombre! Si te rechaza, lo soportas a lo hombre, «a lo macho». Tienes dos opciones únicas: o sigues insistiendo hasta que se enamore perdidamente de ti, y si no lo logras, te la quitas de la cabeza y del corazón, pero por lo menos vas a bajar a la tumba sabiendo que le dijiste todo lo que sentías y que si no pudo ser, fue porque ella no te amó, y no porque fuiste un cobarde. No puede ser que haya tantos tipos que le tengan miedo al rechazo o a un «no». La mayoría de las mujeres se sienten halagadas cuando alguien les declara su amor, y si no sienten lo mismo que él, no se quedan pensando: ¡Qué tipo idiota!, todo lo contrario, lo primero que piensan es: ¡Cómo quisiera estar enamorada de un hombre así!

Ellas sucumben y se derriten por alguien que endulce sus oídos, y los amigos que te digan que eso es cursi, es porque son unos energúmenos que se van a morir solos como una ameba si no aprenden el secreto para derretir el corazón de una mujer. Y no me importa que alguno de esos «espiritualoides» comente: «¿Y dónde queda la Palabra de Dios?»; porque al fin y al cabo, la Palabra de Dios se ve reflejada en lo que somos, y a juzgar por como hablan o escriben algunos, parece que leyeran el manual del cavernícola, en vez de la Biblia, porque cuando de verdad lees la Biblia, el libro de Cantares, por ejemplo, una de las tantas cosas que aprendes es a ser un caballero y un romántico empedernido.

Y también están los otros, esos que ya están casados, y como en el fondo no les importan tus sentimientos, te aconsejan desde el altar: «¡Deje de andar regalándose y espere la voluntad de Dios!», total ellos ya tienen la vida resuelta (o lo que es peor, tal vez están resignados a estar casados con alguien a quien no aman).

Así que, como ya entramos en confianza, permíteme regalarte una suerte de carta (a la que puedes cambiar, agregar o quitar lo que te plazca) siempre y cuando cuides la esencia, que es derramar tu corazón sincero con las más bellas palabras. Se las puedes mandar o, mínimamente, aprenderte un par de oraciones de memoria; dicho sea de paso, un soltero me escribió: «¡Puf! Sé que esto está muy bueno... pero ¡¡es mucho para leer!!» (otro «analfabeto sentimental» que se va a quedar para vestir santos; si le da pereza leer un post, me lo imagino tratando de conquistar a alguien).

Volviendo al tema, olvídate de los versículos bíblicos (por lo menos al intentar decirle que la amas) y descarta de plano las frases que empiecen con: «Dios me mostró...», «Dios me dijo que tú y yo...» o «Siento de parte de Dios que nosotros...». Cuando ella te corresponda, ya vas a tener suficiente tiempo de contarle que tu sueño es ser misionero entre los reducidores de cabezas en algún continente perdido o que tu clímax en la vida es grabar un disco con el salmista Fulanito; lo que ahora tienes que hacer es lograr construir un puente que te lleve directo a su corazón.

Entre nosotros, Dios ya te equipó desde que naciste y Él no va a hacer TU trabajo. Somos varones de nacimiento, pero caballeros por opción. Hazla sentir especial, deseada, única... y todo lo demás (como caer enamorada y rendida en tus brazos) llegará solo.

Aquí te regalo unas cuantas ideas que alguna vez leí en alguna parte, para atravesar su corazón y, lo que es mejor, quizá quedarte con él:

- ♡ Apareciste sin avisar, mi vida se completó y ahora, finalmente, todo tiene sentido. El brillo de tus ojos, tu aliento, tu perfume... hacen palpitar mi corazón. No podría vivir sin ti.
- ♡ Me da igual que seamos diferentes, que pensemos distinto, que no seamos

compatibles... pero me basta coincidir contigo en querer estar juntos para siempre.

- Haces que quiera mejorar cada día.
- Tú has cambiado el argumento de mi vida.
- Estoy hecho a tu medida, si me faltas estoy incompleto.
- Eres todo para mí: amiga, compañera, confidente, cómplice, comprensiva, leal, tierna, amante, femenina, infinita y humana.
- Tú y yo no necesitamos palabras, con mirarnos sabemos todo el uno del otro; cada vez que me miras, desnudas mi alma.
- Cuando te veo, sueño, y cuando sueño, te veo.
- Cuando miro tus ojos me tiemblan las piernas, me da un vuelco el corazón, se me agita la respiración... ¿será porque te amo?
- Te lo voy a decir sin más vueltas: no hay cosa en el mundo que me haría más feliz que envejecer junto a ti.
- Me encanta cuando ríes, me encanta cuando lloras, cuando hablas, cuando te emocionas, cuando te muerdes los labios, cuando te entristeces, cuando gritas, cuando suspiras, cuando revoleas los ojos, empalideces o te sonrojas... me encantas toda.
- Mis ojos te miran diciéndote que te amo profundamente.

○ ¿Para qué quieres que te diga que te amo, si mis ojos te lo dicen a gritos? Si mis ojos ya te lo dicen, no le pidas a mis labios una explicación.

Derrítela de amor y luego me cuentas qué pasó.

*Debes entender como tu futura novia
a la persona con la que contraerás matrimonio
el día de mañana, y no esa persona
que se necesita solo para salir el fin de semana,
besarla un rato y lograr llegar a tener alguna
que otra intimidad sexual.*

No busques conocer a muchos muchachos
con el solo fin de experimentar.
No pruebes para luego decidir.
No eres la servilleta de nadie,
ni nadie debe ser la tuya.
No veas en cada hombre un laboratorio
en el cual experimentar.

7

Bailando con la más fea

(Un amor imposible)

Hace poco leí esta interesante historia: una niña paseaba con su papá cuando observó que en una famosa casa de comidas rápidas ofrecían una promoción de Happy Meal o Cajita feliz, con un juguete que ella deseaba tener. La publicidad decía que si compraba la Cajita feliz «sería para siempre feliz». Una frase de acuerdo con el muñeco de la película que estaban regalando en ese momento. Al verlo, la pequeña dijo:

—Papito, yo sé que si me compras la Cajita feliz seré muy feliz por siempre.

—No creo que sea así. Si te compramos la hamburguesa con el juguetito, al final del día te habrás olvidado de él y querrás otra cosa —respondió el papá.

—Si me lo compras, al final del día no me voy a olvidar. Voy a recordarlo por el resto de mi vida. Aunque sea viejita, voy a ser muy feliz porque ustedes me van a comprar la Cajita feliz —insistió la niña.

El papá aceptó y le compró lo que pedía.

Cuando aquella niña cumplió veinticuatro años, se casó. A los veintiséis su marido la abandonó con dos hijos, pero ella no se hacía problema porque tenía el juguetito de la Cajita feliz, y era muy feliz.

Luego, cuando llegó a los cuarenta años se volvió a casar. El nuevo marido la volvió a engañar, pero ella no se preocupó, porque era feliz, de pequeña había tenido el juguetito que anhelaba. Cuando tuvo setenta años, y ya era una señora grande, se enfermó. Pero no se entristeció sino dijo: «No importa, porque tengo el juguete de mi Cajita feliz».

Seguramente mientras lees esto estarás pensando: ¡Qué ridiculez, Dante! ¡Qué estás contando! Y estás en lo cierto. La vida no funciona así.

Obviamente es una historia ficticia, nadie es feliz por un juguetito de la Cajita feliz. Si uno pudiera decirle al niño: «Algún día crecerás y la vida será más compleja que la felicidad momentánea que te podrá dar un juguetito», se lo diría, pero no podrá entenderlo hasta que crezca.

Sin embargo, crecemos y seguimos transitando la vida mientras decimos: «Me siento insatisfecho porque no alcanzo mis sueños. Si los alcanzara, sería feliz». Otros dicen: «Si pudiera casarme con la persona que he visto en mis sueños, sería feliz». Hay momentos en la vida cuando nos sentimos insatisfechos con todo lo que tenemos y pensamos que otra cosa nos haría feliz. ¿Cuánto dinero es suficiente para ser felices? ¿Cuánto es necesario para ser rico?

Escuché a personas decir: «Yo sería feliz si todos los meses pudiera pagar a tiempo el crédito y los impuestos». Otras dijeron: «Yo sería feliz si todos los años me pudiera ir de vacaciones a Hawái». Varios más dicen: «Si pudiera tener el auto soñado, la casa propia o terminar de pagar las deudas, sería inmensamente feliz».

Siempre tenemos una «Cajita feliz» más adelante para alcanzar. Es como un conejo corriendo por la zanahoria. Pero eso no es lo peor, porque uno tiene que tener sueños. Y deben ser más grandes que tú mismo, de modo que ese sueño te permita seguir adelante. El problema es cuando por amar ese sueño, por creer que la Cajita feliz nos dará la felicidad, como lo creía la niña de la historia, no valoramos ni consideramos lo que ya tenemos.

Cuando transitas por las rutas argentinas puedes notar que muchos camiones llevan una frase escrita en el parachoques trasero, que dice: «No tengo todo lo que quiero, pero quiero todo lo que tengo».

En Argentina hay otra frase que es muy común escucharla decir a nuestros padres, y es: «Te tocó bailar con la más fea». En épocas pasadas nuestros padres o abuelos, cuando iban a un baile, siempre los más audaces y valientes invitaban a las más bonitas a bailar, ellas eran las que salían primero a la pista. Por lo tanto, las menos agraciadas se quedaban sentadas esperando, y finalmente, los más cobardes o tímidos, las sacaban a bailar. De ahí el reconocido dicho. Pero con el paso del tiempo, esta frase se popularizó y se aplicó a otros sucesos de la vida, por ejemplo, cuando te toca hacer la peor parte del trabajo, dices: «Me tocó bailar con la más fea». También se utiliza para describir momentos difíciles que debemos atravesar. Un marido que te hace la vida imposible. Un hijo en rebeldía. Una situación fea que te tocó enfrentar y bailar hasta que la canción se acabe.

Llorando por amor

Quiero contarte una historia muy famosa. Él se llama Jacob y tuvo que bailar con la más fea.

Mientras nuestro Jacob caminaba por el desierto vio a una muchacha pastora de ovejas. Se acercó a hablarle y le dio un beso. Presumo que habrá sido un beso amistoso, un beso en la mejilla. Lo suficiente como para que él corroborara que esa era la mujer de sus sueños. De la emoción al verla, Jacob sintió que su corazón se le iba a salir por la boca, y lloró. Esa era la mujer de sus sueños. Inmediatamente se enteró de que Raquel era la hija de un magnate granjero, un hacendado llamado Labán, quien terminó siendo su pariente, y fue a hablar con él.

«Y Labán tenía dos hijas: el nombre de la mayor era Lea, y el nombre de la menor, Raquel. Y los

ojos de Lea eran delicados, pero Raquel era
de lindo semblante y de hermoso parecer»
(Génesis 29.16–17, RVR1960).

El escritor de este relato intenta decir algo al describir
a las muchachas de la siguiente forma: «Raquel era de
hermoso semblante y buen parecer. Lea tenía los ojos
delicados». No hay mucho que explicar. Lea... solo tenía
los ojos delicados. A juzgar por la descripción, es obvio
que Lea no era exactamente lo que puede definirse como
una mujer bella.

Es similar a conocer a alguien por internet y antes de
tener tu primera cita a ciegas le preguntas si es bella y solo
te responde con un escueto: «Bueno... mi madre siempre
me dice que mis orejas son simétricas». El solo hecho de
que el escritor mencione que Raquel era hermosa y que
solo mencione de Lea que «tenía los ojos delicados» nos
lleva a pensar que esta última no era muy agraciada por la
naturaleza.

Entonces, «Como Jacob se había enamorado de
Raquel, le dijo a su tío: Me ofrezco a trabajar para
ti siete años, a cambio de Raquel, tu hija menor»
(Génesis 29.18).

Labán aceptó la oferta, pero a Jacob no le iba a salir
gratis, tendría que trabajar con su futuro suegro por siete
años, luego le daría a su hija en casamiento. «Así que

Jacob trabajó siete años para poder casarse con Raquel, pero como estaba muy enamorado de ella le pareció poco tiempo» (v. 20).

Estuvieron enamorados durante siete años, pero estoy seguro de que Jacob no la tocaba, no la besaba, no se tomaban de las manos, porque todo se podía arruinar si su suegro se enojaba. Ella le mandaba fotografías, y él las ponía como fondo de pantalla en su computadora. Se manejaban con mucho cuidado. No sé cuántos estarían dispuestos a esperar tanto por una persona que aman. Pero el tiempo tan soñado llegó.

Bailar con la más fea

Después de siete años exactamente, Jacob golpeó la puerta de la casa de su suegro y le dijo: «Ya he cumplido con el tiempo pactado. Dame mi mujer para que me case con ella» (v. 21).

Labán aceptó y organizaron una gran fiesta de bodas. La hija de Labán tenía que casarse con toda la bendición. Quizá hicieron reservaciones en el Israel Inn para pasar la noche, contrataron una gran orquesta y dieron inicio a la celebración. Pero antes de la fiesta estaba la ceremonia del casamiento. La novia, como se acostumbraba en esos tiempos, tenía completamente cubierto su rostro, donde solo se podían ver sus ojos. El esposo podía descubrirlo durante la noche de bodas, no antes, al igual que el resto de su cuerpo.

El día tan esperado por Jacob había llegado.

El religioso que celebró la boda dijo algo como: «Jacob, ¿aceptas a esta mujer como tu esposa?». «Sí, acepto», habrá respondido el ansioso Jacob. Luego llegó el momento de la fiesta, comenzaron a bailar y a celebrar. Cantaron canciones y bailaron toda la noche. Finalmente abrieron los regalos, y los amigos le colgaron latitas en el camello que los trasladaría y un cartel que decía: «Recién casados».

Así habrán llegado a la puerta del lugar donde pasarían su noche de bodas. La novia todavía tendría cubierto su rostro, e imagino que le habrá preguntado: «Jacob, ¿vas a alzarme en tus brazos, así como en las novelas?». Seguramente Jacob levantó a la novia entre sus brazos, pateó la puerta de la habitación, apagó las luces, encendió música de violines y la depositó en el lecho matrimonial... y también creo imaginar que se embriagaron de amor hasta el amanecer. Es obvio que en esta instancia de la historia, no necesitamos saber más detalles.

Cuando los rayos del sol irrumpieron por la mañana, Jacob se despertó. La luz iluminó la sala... y el rostro de su flamante esposa, es allí cuando Jacob descubre que con quien se había casado y pasó toda la noche no era Raquel sino Lea, ¡la hermana fea!

«¿Qué hace mi cuñada en mi cama?», se habrá preguntado Jacob. Sin haberlo notado bailó toda la noche con la más fea. Y lo que es peor, «había hecho el amor con la más fea».

Si quieren ver a un hombre enojado y muy furioso, acompáñenme y vean a Jacob.

«A la mañana siguiente, Jacob se dio cuenta de que había estado con Lea, y le reclamó a Labán: ¿Qué me has hecho? ¿Acaso no trabajé contigo para casarme con Raquel? ¿Por qué me has engañado?» (v. 25).

Pero su suegro respondió: «La costumbre en nuestro país es casar primero a la mayor y luego a la menor. Por eso, cumple ahora con la semana nupcial de ésta, y por siete años más de trabajo te daré la otra» (vv. 26–27).

El suegro le pidió que trabajara siete años más por Raquel. Trabajaría catorce años para finalmente tener a la mujer de su vida. Pero Jacob no dudó. Él amaba a Raquel, aunque también estaba casado con Lea, con la fea.

El desprecio a la mujer fea

Jacob está tan enojado que en cuanto pudo le dio el anillo de bodas a Raquel. Finalmente estaba casado con la mujer de su vida, no obstante debía trabajar siete años más. Pero Jacob despreciaba a Lea, la hermana de su amada, un poco porque era la hermana fea y otro poco porque ella había sido parte del engaño. Lea junto a su padre hicieron trampa. Así que cuando Jacob regresó ante Lea, le habrá dicho: «Lea, nunca tendrás mi amor. Me engañaste. Yo pensé que eras Raquel, tu hermana. Estaré casado contigo, pero nunca jamás te amaré».

Jacob menospreció a Lea y amó a Raquel. No podemos culparlo. Habría que estar en su lugar. Lea lo había engañado. Pero Jacob no podía olvidar bajo ningún punto de vista, que estaba casado también con Lea. Esa era su realidad. Pero ante su menosprecio, Dios cerró el vientre de Raquel para que no fuera fértil. Y Jacob no podía tener hijos con la mujer de sus sueños. Solo puedo tener hijos con Lea... la fea.

Esto nos enseña algo muy particular, en primer lugar, a todos los buscadores de Cajita feliz, aquellos que siempre ven el césped del vecino más verde. Aquellos que creen que la piscina ajena tiene el agua más clara. Deben aprender que: «Es malo amar tu sueño y divorciarte de tu realidad». Si no amas lo que tienes, Dios nunca te permitirá llegar a lo que deseas. Si no bendices tu Lea, tu realidad, nunca tendrás fruto con tu visión ni con tu sueño.

Seguramente habrás escuchado a personas decir: «Cuando tenga el trabajo que deseo, voy a llegar temprano y voy a trabajar en lo que me gusta». Quiere casarse con su sueño pero menosprecia lo que tiene. No bendice lo que ya tiene. Pero cuando no quieres tener hijos con tu realidad, Dios cerrará el vientre de la visión de futuro.

No podrás lograr tu sueño.

El descontento de un amor imposible

La vida está llena de regalos imperfectos. Si estás casada, seguramente no tardaste mucho tiempo en darte cuenta de que tu marido está ligeramente fallado. Si eres esposo probablemente no tardaste mucho tiempo en darte cuenta de que tu mujer también tiene leves fallas. Es el hombre de tu vida, es amable, gentil, galán, pero cuando se acuesta a dormir... ¡ronca como un hipopótamo! Y tú dices: «¡Está fallado!».

Cuando una madre tiene un niño, ¿qué dice?: «¡Es perfecto!». Pero todos los padres sabemos que tener diez dedos en las manos y diez dedos en los pies no es sinónimo de perfección. Tarde o temprano ese niño crecerá y tendrá ligeras fallas. No era tan perfecto como creíamos. No tiene la inteligencia del abuelo ni los ojos de la abuela. No es la perfección que imaginábamos.

El problema no es descubrir que no somos perfectos, sino alegrarnos por los regalos imperfectos que Dios nos da. ¿Tienes un sueño grande? Ama tu realidad.

Jacob no debía subestimar a Lea porque de su descendencia, luego de varias generaciones, nacería Jesucristo. Lea sería nada menos que una tatarabuela de Jesús. Después de todo, nunca sabes cuándo se está gestando algo grande...

8

¿Tienes un amigo o solo un novio?

Tú tienes un novio que cuando te llama generalmente lo hace por cumplir un horario. Tu amigo lo hace sin horario, solo porque quiere hacerlo.

Tu novio va a visitarte porque es día de cita. Tu amigo te busca cualquier día, porque para él no hay citas.

Tu novio te acaricia y te besa porque se cree con derecho de hacerlo. Tu amigo lo hace con más ternura y sin derechos, solo porque le nace.

Tu novio va contigo por la calle como quien lleva una bandera. Pero tu amigo es el único abanderado de tu corazón.

Tu novio nunca te dirá toda la verdad, por ser tu novio. Mientras que tu amigo nunca te mentirá, por ser tu amigo.

Tu novio puede que tenga otros amores ocultos a los que no puede olvidar, y nunca te lo dirá. Tu amigo podrá tener otras amigas, pero ninguna oculta para ti.

Tu novio nunca quisiera dejar de ser tu novio y ser solo tu amigo. Tu amigo busca llegar a ser tu mejor amigo, sin ser nunca tu novio.

Tu novio piensa que solo puede llegar a quererte como novia. Tu amigo piensa que puede llegar a amarte, siendo solo tu amigo.

Dicen que son amores muy diferentes, yo digo que tienen razón.

El amor de tu novio es por cumplir compromisos. El de tu amigo es más sincero, porque no hay compromisos por cumplir.

Cuando te peleas con tu novio todo termina entre los dos. Con tu amigo no te peleas, porque no hay nada que terminar.

Después de la boda conocerás la otra mitad de la vida de tu novio que te ocultó. Si te casas con tu amigo, nada quedará oculto entre los dos.

Después de un año, o solo unos meses, cuando quizá lleguen al matrimonio la incomprensión y el desamor, y se termine la armonía y el cariño, quedarás sola y entonces añorarás a quien de veras amabas y ahora quisieras tener a tu lado: a tu amigo del alma, que nunca te olvidará.

No se asusten, lo que intento decir es: hombre, sé el mejor amigo de tu novia. Mujer, trata de ser la mejor amiga de tu novio. Si no logras eso, ni siquiera sueñes con casarte. Lo esencial en cualquier pareja es que, además de amarse, sean los mejores amigos... o estarán perdidos y solos para siempre. Una vez que estén casados, no los unirá ni el sexo, ni los hijos, ni los proyectos en común, sino la amistad incondicional, determinante para cualquier amor genuino y duradero.

Esa persona tiene que gustarte físicamente.
La atracción física es lo primero que se activa
en esos casos. Debe ser agradable a tus ojos.
Debieras poder deleitarte mientras la miras.
Debe gustarte a ti; amigos y familia,
en esto no cuentan.

Cuando vayas a conquistar a tu amor,
traza un plan de conquista.
Primero decide hacerle conocer tus nobles sentimientos.
Ningún ángel lo hará por ti.
Prepárate para responder sus preguntas.
Prepárate para sostener en el tiempo esas respuestas
que des. Nada huele tan mal en los hombres
como el que no tengan palabra de honor.
Que ella vea lo que fuiste capaz de hacer por ella,
y cuánto vale ella para que te hayas preparado así.
Dale lugar a tu creatividad para enamorar.
Deja salir al poeta que está asfixiado dentro de ti,
ponlo a trabajar. El amor no debe ser regalado,
más bien debe ser conquistado.

9

Adicto a ti

A lo largo de nuestra vida, conocemos a esa persona que, sin saberlo, logra hacer un hueco en nuestro corazón, hasta el punto de ocuparlo completamente. Y luego se convierte en la razón de cada sonrisa, de cada latido, de esa felicidad única que nos llena.

En ocasiones me escriben y me dicen: «¿Y si me animo a decirle lo que siento y me rechaza?», yo les respondo: «Tú eliges arriesgarte o guardarla en la lista del olvido. Si te dice que no, por lo menos te la sacas de la cabeza de una vez, aunque luego te tarde más tiempo quitártela del corazón... pero algo es algo, por lo menos sabrás dónde estás parado».

Si me preguntas qué haría yo, te diría: elegiría hablar y arriesgar. Elegiría amar y todas las consecuencias que eso conlleva. Elegiría que esa sea la persona que llene mi almohada de recuerdos.

Vamos, toma valor y dile: «¿Cómo hago para que sientas que te hago falta? Cosa difícil en nuestra situación porque ni siquiera me tienes ¿Cómo vas a extrañar mis besos si no sabes cuál es el sabor de mi boca? ¿Cómo vas a extrañar mis abrazos si no sabes cómo aprieto? ¿Cómo vas a extrañar olerme si no sabes cuál es mi aroma? ¿Cómo vas a buscar refugiarte en mis brazos cuando el despertador suene si no estoy contigo en la mañana?

Elegí hacerme adicto a tus miradas, a tu risa, a tu forma de hacer las cosas. Adicto a ti. Prefiero que seas la mejor equivocación de toda mi vida y no el peor "quizá pudo haber sido..."».

Hazte un favor, pruébame y luego me cuentas si te sigo haciendo falta...

10

Y... ¿qué quieren decir las mujeres?

Estimados caballeros, por nuestra salud mental y emocional, debemos saber que ellas no hablan como nosotros, nunca quieren decir lo que están diciendo, y entenderlas lleva algunos años de entrenamiento; es casi como aprender otro idioma.

Cuando ella te diga: «No me pasa nada», en contadas ocasiones puede que no le pase nada, y lo diga en serio, pero la mayor parte de las veces, te aseguro que algo le ocurre y quiere que lo sepas. Por eso, lo mejor que puedes hacer es decirle directamente que sabes que algo sucede y que te lo puede contar, y dependiendo de lo que sea vendrá una tormenta; así que sé hombre y estate preparado para lo que venga.

Cuando ella te diga: «Sé sincero», hazlo, pero con mucho cuidado, es decir, elige tus palabras para la siguiente pregunta que te lanzará segundos después, que podría ser: «¿Me ves más gorda?». Ella quiere que respondas un NO rotundo, rápido y seguro, no dudes ni titubees; también quiere escuchar que la amas tal como es, ella quiere saber que no importa si su cuerpo cambia.

Cuando te diga: «Tranquilo, déjalo así», esa es una frase universal que puede tener diversos significados, por ejemplo, si te encuentras haciendo alguna tarea sin éxito, ella dirá «tranquilo, déjalo así», que se traduce en «mejor lo hago yo». Si están en medio de una discusión por algo y ella responde «tranquilo, déjalo así», es bueno que no te ilusiones, la charla no quedará así, ella tiene varios gigas más de memoria que nosotros.

Te cuidado cuando ella use el plural. Frases como: «¿Podríamos ayudar a mi mamá con las maletas, no?», «¿Sería bueno que arregláramos el grifo, verdad?», quieren decir básicamente: «Espero que lo hagas, pero no quiero que lo sientas como una orden directa». El plural es solo para que no te sientas mal, pero lo vas a tener que hacer... en singular.

Cuando ella te diga: «En cinco minutos estoy lista», directamente es bueno que sepas que «en cinco minutos» es un tiempo imaginario.

No son cinco minutos de reloj, son cinco minutos en su cabeza, que podrían ser treinta minutos reales. Y te aseguro que no lo hace por maldad, luego de media hora te dirá con una sonrisa: «¿Viste que eran solo cinco minutos?»; es como que ella maneja otra dimensión de espacio y tiempo.

Yo sé que suena complicado, pero por mi parte creo que es lo que cualquier buena mujer se merece; así que, a trabajar duro, mi amigo.

Pregunta, investiga,
asegúrate de que esa persona
que ya desde lo físico te cautivó,
es por dentro todo eso que desde siempre
quisiste encontrar en el otro.

Define a la persona que quieres hallar como
un todo, y no como una suma de partes.
No cometas el error de decir lo quiero
«rubio, de ojos verdes, dulce, cariñoso,
comprensible, alto y que quiera a mi perro»...
porque a todos los rubios alguna vez se les oscurece
el cabello, los ojos verdes se le encienden de furia,
la dulzura se les hace ácido, lo cariñoso te lo gritan
en la cara, lo comprensible se hace piedra dura,
la altura son solo centímetros de torpeza,
y a tu perro debes esconderlo para que no lo mate.

Yo invito

«Algunos piensan que dejan de enamorarse cuando envejecen, sin saber que envejecen cuando dejan de enamorarse».[1]

Gabriel García Márquez

Eres tan predecible. Siempre quieres saber más acerca del amor, pero nunca quieres abordar el tema de la muerte. El gran tema es que hasta que no te des cuenta de que tu paso por esta vida es breve, tampoco tendrás la capacidad de amar apasionadamente.

El ejercicio puede darte algunos latidos más. La medicina algunos respiros extras. Pero aunque no lo creas, la mejor manera de enamorarte de verdad es sabiendo que hay una muerte.

De hecho, el único salmo atribuido a la pluma de Moisés dice: «Enséñanos de tal modo a contar nuestros días, que traigamos al corazón sabiduría» (Salmos 90.12, rvr1960). El que es sabio tiene en cuenta la brevedad de la vida.

Dejando en claro esto, solo tienes tres formas de encarar el amor: la primera es con una vida de reacción, o sea, avanzas hasta que alguien te obliga a cambiar de dirección. Amas siempre y cuando te amen primero. Siempre estás dependiendo de la iniciativa de otras personas. Si no te dicen que te aman, jamás te permites decir lo que sientes, por miedo al rechazo o a no ser correspondida. (Si a esto le sumas que los hombres audaces son casi una especie en extinción, realmente tienes un grave problema).

La segunda forma es una vida de conformismo. Con esa predisposición mental, vives amoldándote a la soledad (sea como sea que la estés viviendo; el actor Robin Williams dijo la triste y célebre frase: «Solía pensar que la peor cosa en la vida era terminar solo. Pero no lo es. Lo peor de la vida es terminar con alguien que te hace sentir solo»[2]). No existe peor fracaso que no haberlo intentado. Si eliges amar, has ganado media batalla. Si no eliges nada, has ganado media derrota.

La tercera manera es una vida de intencionalidad. Es la manera en que eliges amar. Si no haces esa transición, estarás en apuros. De automático a manual. De dejarte llevar a provocarlo. De involuntario a intencional. El amor requiere intencionalidad. Necesitas dejar de pensar a quién le corresponde amar o arriesgarte primero, y decirle que lo amas con toda tu alma. Las relaciones afectivas nunca son estáticas, siempre están en movimiento, o cada día lo amas más o cada día lo amas un poco menos. Las frases: «Todo está igual que antes» o «Nada cambia» suenan románticas, pero suelen ser el certificado de defunción del verdadero amor.

Por eso es vital que tengas en cuenta que el tiempo pasa rápido y los recuerdos se desvanecen. La gente se va, pero el corazón nunca olvida.

Te olvidas de las cosas que te dicen pero nunca de cómo te han hecho sentir. Y a veces las cosas más pequeñas son las que ocupan más espacio en el corazón de una mujer.

Quiero que sepas que estoy consciente de que te sientes plena cuando conoces a alguien que siempre escucha cómo fue tu día, que soporta tus cambios de humor, tus locuras, tus enojos, tu risa y tus preguntas raras.

Después de todo, ser mujer es ser princesa a los quince, bella a los veinte, pasional a los treinta y cinco, inolvidable a los cuarenta y cinco, dama a los sesenta y hermosa toda la vida. Por eso es muy importante que recuerdes que hay gente con las que perderás el tiempo, y otras con las que perderás la noción del tiempo (y estas últimas son las que realmente valen la pena).

Cuando amas sabiendo que la vida es una sola y no admite un segundo chance, puedes mirar a quien amas directamente a los ojos y decirle: «Puedes reprocharme muchas cosas, menos que no me entregué completamente, menos que no me dediqué a ti, menos que no fui honesta, menos que no entregué lo mejor de mí, menos que no confié en ti, menos que no te di libertad, menos que no te respeté, menos que no dije y demostré mis sentimientos, menos que no fui yo, porque no puse máscaras, no utilicé estrategias, no guardé apariencias; en cada momento fui yo, con miedos sí, con dudas también, sin embargo seguí siendo yo... y desnudé mi alma ante ti».

Por eso, cuida de no enamorarte solo de quien abre las puertas de tu corazón, sino de quien tire las llaves y se encierre contigo. La vida es corta. Perdona rápido, no discutas por tonterías, besa lento, ama de verdad, cela un poco, ríete sin control y nunca dejes de sonreír, por más extraño que sea el motivo. Puede que la vida no sea la fiesta que esperabas, pero mientras estés aquí, tienes que bailar. Después de todo, la vida no se mide en minutos, sino en momentos.

Parafraseando al genial escritor Max Lucado, vive como si fueras un niño, juega mucho, ríe también mucho, y no olvides dejarle las preocupaciones a nuestro Padre.

No te olvides de que todo lo bueno en esta vida siempre te despeina: correr, saltar, ducharte, bailar, dar a luz, nadar, las montañas rusas, el viento del verano, reír a carcajadas y hacer el amor. Así que, ¡Dios quiera que vivas la vida con el cabello hecho un desastre!

En resumen: una vez que te des cuenta de que algún día vas a irte de esta tierra, apúrate en conocer a esa persona que logre hacerte feliz con cualquier tontería, y apenas la veas dile: «Te apuesto un beso a que vas a querer otro. Vamos a enamorarnos... yo invito».

12

Para ese amor que sueño desde que era una niña...

Hola hermoso, es otro día más sin ti. Acá me tienes nuevamente, pensándote, imaginándote, ¡con ganas de que llegues ya a mi vida! ¿Cuánto más vas a tardar? El tiempo pasa, y ya no quiero esperar tanto. Quiero recibirte ya, con el abrazo más tierno del universo entero, un abrazo de esos que te pegas como garrapata, y los latidos del corazón se juntan para componer una canción de amor.

Un abrazo de esos que te llenan el alma, de esos de los que ya no quieres soltarte más. Un abrazo con todas mis fuerzas, un abrazo que te está esperando hace años. No estoy segura de si eres alto o bajo, no sé si tendré que ponerme de puntas de pies para alcanzarte o tal vez tendré que subirme a una silla. Lo único que sé es que sueño con abrazarte.

Sueño con mirarte a los ojos y perderme en ellos, no dejaría de mirarte y admirarte ni un solo segundo.

Sueño con acariciarte la cara, agarrarte de la mano, que intercambiemos palabras tiernas y que nuestra única discusión sea un «No, yo te amo más».

Sueño con ser parte de tu vida, de tus planes, ser tu mejor compañía hasta en el silencio, acompañarte a donde vayas, apoyándote en todo lo que hagas o quieras hacer. Ser tu mejor amiga, tus oídos y tu consejera.

Quiero comprenderte, hacerte reír, cuidarte, mimarte, dedicarte canciones, escribirte poemas donde exprese todo el gran amor que siento por ti, que tengo las mejores intenciones para contigo. ¡Solo quiero llenarte de amor! Estoy esperando ansiosa ese primer beso entre los dos, el primero de muchos.

Te ofrezco todo lo que soy. Tal vez no sea la más hermosa, pero de eso se trata el amor: de aceptar los defectos y amar las virtudes. Y, ¿sabes? Todos esos defectos se hacen pequeños al lado del gran amor que te ofrezco. Imagino tantos momentos hermosos a tu lado, tantos momentos de felicidad. Un amor distinto a lo común, un amor de esos que solo vemos en las películas con finales felices. Un amor más allá de lo carnal, de lo físico. Un amor puro, tierno, sincero... ¡Un amor infinito!

¿Te das cuenta de todo lo que nos estamos perdiendo? ¡Llega ya, mi vida! Te estoy esperando con los brazos abiertos, para abrazarte y no soltarte más.

Con cariño... tu princesa.[1]

13

Tu mejor versión

Me han escrito muchas veces pidiéndome que me refiera a aquellas personas a las que les han roto el corazón y no logran reponerse de una relación fallida. Fue allí cuando recordé una bellísima carta (ganadora de un concurso en España) que alguna vez leí, acerca de un caballero que decide escribirle a quien fuera el amor de su vida, y que demuestra que aún de una mala experiencia, siempre se puede editar la mejor versión.

Estimada Cristina:
Ayer recibí una misiva de tu abogado donde me invitaba a enumerar los bienes comunes, con el fin de comenzar el proceso de disolución de nuestro vínculo matrimonial y continuar con los trámites de divorcio. A continuación te remito dicha lista, que como verás, la he dividido en dos partes. Básicamente, un apartado con las cosas de nuestros diez años de matrimonio con las que me gustaría quedarme, y otras con las que te puedes quedar tú.

Cosas que yo deseo conservar:

- La carne de gallina que salpicó mis antebrazos cuando te vi por primera vez en la oficina.
- El leve rastro de perfume que quedó flotando en el ascensor una mañana, cuando te bajaste en la segunda planta, y yo aún no me atrevía a dirigirte la palabra.
- El movimiento de cabeza con el que aceptaste mi invitación a cenar.
- La mancha de rímel que dejaste en mi almohada la noche de bodas, cuando por fin dormimos juntos.
- La promesa de que yo sería el único que besaría la constelación de pecas de tu pecho.
- Las gotas de lluvia que se enredaron en tu pelo, en medio de tus carcajadas, durante nuestra luna de miel, mientras subíamos a ese tren.
- Todas las horas que pasamos mirándonos, besándonos y hablando.
- También me quedaré, si no te molesta, con las horas que pasé simplemente soñando, extrañándote o pensando en ti.

Cosas que puedes conservar tú:

- Aquellos besos obligados que me dabas, cuyo ingrediente principal era la rutina.

- Las cenas en silencio, interrumpidas únicamente por el ruido de los cubiertos, porque ya no tenías nada para contarme.
- El sabor agrio de los insultos y los reproches.
- La sensación de angustia al estirar la mano por la noche para descubrir que tu lado de la cama estaba vacío, porque te quedabas hasta tarde navegando en Internet o hablando con tus amigos ocasionales en Facebook.
- Las náuseas que trepaban por mi garganta cada vez que notaba un olor extraño en tu ropa.
- El cosquilleo de mi sangre pudriéndose cada vez que te encerrabas a hablar por teléfono.
- Alan y Cecilia... Los nombres que nos gustaban para los hijos que nunca llegamos a tener.

Con respecto al resto de los objetos que hemos adquirido y compartido durante nuestro matrimonio (el automóvil, todos los muebles y la casa), solo quiero comunicarte que puedes quedarte con todo. Al fin y al cabo solo son eso... objetos, que eventualmente puedo volver a comprar.

Afectuosamente, Roberto.

«Abre tu corazón y no tengas miedo a que te lo rompan. Los corazones rotos se curan. Los corazones protegidos acaban convertidos en piedra».[1]

Lo correcto es buscar un amor sumando,
por lo menos, cuatro valores fundamentales:
valor físico, valor ético, valor religioso y valor familiar.
Un buen físico, sin valores éticos, con mediocre
sustento de fe y nada de valores familiares,
simplemente no te conviene, porque entre
otras cosas te llevará a actuar, en el nombre
de un supuesto amor, en contra de tus
propios valores éticos, morales, religiosos
y familiares. Y eso simplemente no está bien.

14

Un pequeño recuerdo
en el ojo

«Has amado alguna vez a alguien hasta el punto en el que ya no te importa lo que pase? ¿Hasta el punto en el que estar con él ya es suficiente, y cuando te mira tu corazón se detiene por un instante? Yo sí...».[1]

—Papá, ¿puedo hablarte?

—Siempre.

—Creo que me estoy enamorando de alguien.

—¿Y debo suponer que eso es malo, m'hija?

—Según; es que no sé cómo hacer para que se de cuenta de lo que siento por él, aunque creo que a él también le pasa lo mismo.

—… Y no te lo dice. Yo no sé por qué ya casi nadie quiere tomarse el tiempo de enamorar a una buena mujer; entre tantos mensajes de texto e indirectas… en mi tiempo no había nada mejor que un buen beso artesanal.

—¡Si él supiera que se está perdiendo a una mujer asombrosa!

—Es que si eres asombrosa, es porque no eres fácil. Y si fueses fácil… no serías asombrosa.

—Tal vez él me ama, pero…

—Bah, no lo justifiques. Pero es la peor palabra del vocabulario. «Te amo, pero…», «Te extraño, pero…». ¿Te das cuenta? Una maldita palabra que sirve para dinamitar lo que era, o lo que podría haber sido, pero no es.

—Es que a veces me confunde un poco, no sé si realmente siente lo mismo que yo siento por él…

—Pero supongo que te habrá dado algunas señales, las mujeres son expertas en detectarlas, especialmente si te mira directo a los ojos. El alma que puede hablar con los ojos, también puede besar con la mirada.

—En realidad entre nosotros nunca pasó nada, pero siempre hubo algo… como cierta electricidad en el ambiente cada vez que nos vemos. Hay algo que ambos sentimos, que está allí… en el aire. Cuando yo le hablo, él me hace sentir que en ese momento no hay nada más importante en todo el universo que aquello que le estoy diciendo. Es como si me desnudara el corazón.

—Entonces no deberías de preocuparte…

—Es que a veces me confunde, especialmente cuando lo veo hablando con otra mujer...

—Ser fuerte es ver a la persona que amas con alguien más y aun así sonreír con un nudo en la garganta.

—El otro día iba a hacerle notar que cuando él llega cambia el ritmo de mi respiración, y se me adelantó mi propia sonrisa. Cuando él me mira, me comporto como una niña. A veces busco excusas tontas solo para llamarlo o simplemente acercarme a él.

—... Y finalmente nunca le dices nada, y luego piensas todo lo que debiste o pudiste haberle dicho.

—Es que nunca lo dejé de amar, ¡solo dejé de insistir en hacérselo notar!

—Él también tiene que entender que si tú vales la pena, no se tiene que rendir. Y si se rinde, el que no vale la pena es él. Cuando se muera van a preguntar: «¿De qué murió? Se asfixió con las palabras ¡que nunca dijo!», Jaja. Siempre repito: si amas a alguien ¡díselo! El tiempo vuela, la vida es muy corta, y ese mañana quizá podría no llegar jamás.

—Él suele preguntarme: «¿Cómo estás?», y yo respondo con un amable: «Bien...», y no sé qué más decirle.

—Te entiendo. Los hombres de ahora no entienden que a veces cuando las mujeres dicen: «Bien», lo que en realidad quieren es que él la mire a los ojos, la abrace fuerte y le diga: «No lo estás».

—¡Dios te oiga! A veces, por mucho que otros nos traten de ayudar, sentimos que solo una persona nos puede dar la fuerza que necesitamos. ¿Y sabes qué es lo peor?... que jamás pensé enamorarme otra vez a esta altura de mi vida. Pero me doy cuenta de que necesito a alguien que no necesite perderme para darse cuenta de que me había encontrado. Él tiene esa bendita manía de hacerme sentir especial. Muchas veces me digo: «Voy a hacer de cuenta que no existe, sé que puedo ignorarlo», pero se las vuelve a ingeniar para tener mi corazón en su mano. Él tiene el poder de cambiar mi día solo con una sonrisa.

—Una buena historia de amor es aquella en la que dos personas se encuentran cuando ni siquiera se estaban buscando.

—Y por si fuese poco, a medida que más nos conocemos, menos puedo fingir... cada vez se me nota más.

—¡Pero eso es lo mejor! El gran secreto consiste en encontrar a alguien que conoce tus defectos, debilidades y secretos, y aun así ¡continúa creyendo que eres única! No te olvides de que la verdadera belleza es una actitud y tú eres increíblemente más bella cuando eres auténtica.

—Hace poco él me escribió algunas líneas.

—Cuídate de los que saben escribir y mirarte a los ojos, porque tienen el poder de enamorarte sin siquiera tocarte.

—Tal cual. En apenas un par de frases se propasó.

—¿Qué te dijo?

—No te asustes, quise decir que llegó más lejos de lo que cualquier hombre... ¡me tocó el alma!

—Te lo dije, si sabe escribirle a una mujer, te terminará enamorando. Es obvio que ya se adueñó de tu corazón. ¿Lo admiras?

—Solo en dos cosas: en todo lo que hace y todo lo que dice, jaja. Si no se tarda mucho, lo espero toda la vida. Puedo asegurarte que si él me llega a perder, tal vez yo podré amar a otro como lo amo a él, pero a él nadie más lo amará tanto como lo amo yo.

—Te aseguro que él te piensa más de lo que imaginas, te extraña más de lo que piensas y te ama más de lo que a veces demuestra. Lo presiento, él ya te lo dijo con la mirada. Es que en ocasiones los hombres solemos ser un tanto idiotas.

—Papá... ¿aún hay días en que extrañas a mamá?

—No hay un solo día en que no la eche de menos. El amor no se termina con un certificado de defunción o con la vejez. La muerte y la vejez empiezan cuando se acaba el amor. Si quieres saber el secreto de la eterna juventud, procura mantenerte enamorada.

—¿Estás llorando?

—No estoy llorando m'hija, solo se me metió un pequeño recuerdo en el ojo.

La persona que elijas debería naturalmente
respetar tu forma de vivir o de ser criado.
Por eso tu vida familiar, las reglas de tu casa,
los límites, los horarios, las formas de vivir
con los tuyos, será el desafío en el que el otro
deberá integrarse, y no, mientras dure el noviazgo,
algo que tú debas abandonar.

15

A las mujeres que no se sienten perfectas

Queridas amigas:

No nos importa cuánto pesan. Es fascinante abrazar a una mujer. Pesarla no nos proporciona ningún efecto.

No tenemos la menor idea de lo que es un talle. Nuestra evaluación es visual. No nos importa cuánto mide en centímetros. Es una cuestión de proporción, no de medida. Las flaquitas que desfilan en las pasarelas, siguen la tendencia diseñada. Sus modas son, lisa y llanamente, agresiones al cuerpo que odian porque no lo pueden tener.

No hay belleza más irresistible en la mujer que la feminidad y la dulzura. La elegancia y el buen trato son irresistibles. Entendámoslo de una vez, traten de gustarnos a nosotros, no a ustedes, porque nunca van a tener una referencia objetiva de cuán lindas son de mujer a mujer.

Ninguna mujer va a reconocer jamás delante de un tipo, que otra mujer está linda.

Las jovencitas son lindas... pero las de cuarenta para arriba son el verdadero plato fuerte. El cuerpo cambia. Crece. Una mujer de cuarenta o de cincuenta años, a la que le entra la ropa de cuando tenía veinte o veinticinco años, o tiene problemas de desarrollo, o se está autodestruyendo. Nos gustan las mujeres que saben manejar su vida con equilibrio y saben manejar su natural tendencia a la culpa. O sea: la que cuando hay que comer, come con ganas; cuando hay que hacer dieta, hace dieta con ganas (no se sabotea ni sufre); cuando hay que tener sexo, lo tiene con ganas; cuando hay que comprar algo que le gusta, lo compra; cuando hay que ahorrar, ahorra. Algunas líneas en la cara, algunos puntos de sutura en el vientre, algunas marcas de estrías, no les quitan su belleza. Son heridas de guerra, testimonio de que han hecho algo con sus vidas, no han estado años en formol ni en un spa. ¡Han vivido!

El cuerpo de la mujer es la prueba de que Dios existe. Es el sagrado recinto donde nos gestaron a todos, donde nos alimentaron, donde nos acunaron, y nosotros sin querer lo llenamos de estrías, y demás cosas que tuvieron que ocurrir para que estemos vivos.

Cuídenlo. Cuídense. Quiéranse.

La belleza es todo eso, todo junto.[1]

Mírala reírse, escúchala hablar, mírala caminar,
mírala y resuelve si desde lo físico te gusta,
si es agradable a tus ojos y corazón,
o si deberás inmediatamente huir de allí.
Que quede bien en claro lo que digo.
Aquí es un asunto de si te gusta lo que ves,
y no de lo que hace contigo esa que ves.
A buen entendedor...

No es verdad que según la conducta sexual
de una de las partes, dará o no seguridad
a la otra para avanzar con un futuro matrimonio.
En una cama tienen sexo adúlteros, infieles
y compradores de placer, y también fieles
y monogámicos. Nuestro organismo siempre
terminará de una misma forma todo acto sexual,
sin distinguir estado civil de los que lo practican.
Por eso es altamente hipócrita pedir
respuesta sexual para demostrar un amor.
No se trata de sentir algo bueno para aprobar
o algo malo para desechar. Pasa por otro lado.
Es un asunto de convicciones.

16

«La lluvia ya no cae como antes»

Hace un tiempo atrás volví a ver la inolvidable película argentina del premiado director Juan José Campanella titulada El mismo amor, la misma lluvia (interpretada por Ricardo Darín y Soledad Villamil), donde una pareja se vuelve a ver luego de dos décadas, y la frase que más recuerdo aparece casi al final de la película, cuando luego del reencuentro ella le confiesa, totalmente empapada: «En fin... es que la lluvia ya no cae como antes».[1] En realidad era la misma lluvia de siempre, lo que había cambiado era su percepción; esa misma lluvia que hace años despertaba su costado romántico, ahora le producía sentimientos totalmente diferentes, porque la vida la había cambiado.

Hoy viernes, también llueve copiosamente sobre Anaheim y pensaba en algo parecido, recordando a aquel niño que miraba repiquetear las gotas de lluvia en la ventana de la casa de mis viejos. En esa misma casa tomé el más sabroso café con leche que jamás probé, con unos enormes panes con manteca y dulce de leche, luego que mamá tocara mi hombro y susurrara cada mañana al lado de mi cama: «Dantecito... ¡arriba!».

Como suele decir Andrés Miranda, un respetado colega y periodista:

> Hay días que quieres meterte de nuevo en la foto, cuando éramos unidos y estábamos juntos. Cuando a nadie se le ocurrían las distancias y pensábamos que siempre seríamos pequeños, que nadie se iba a morir y que una casa bastaba para todos. Haciendo un dibujo lleno de amor para el día de la madre, pensando que le harías miles, uno cada año o cada mes... y solo fueron dos o tres. Los días sin heridas, sin temores, cuando se cerraba la puerta después que entraba el último, cuando ni en sueños pensabas faltar a un cumpleaños y ahora no puedes ir a ninguno.[2]

En casa había montones de libros, de toda clase de autores y géneros, y especialmente en los días de lluvia, cuando la televisión se veía llena de llovizna a causa del viento que azotaba la antena, aprendí a leer con voracidad, con placer, con ganas y hasta con cierto desorden, imaginando que yo era parte de aquellas asombrosas historias. Podía pasarme una tarde entera a bordo del enorme navío de Sandokán, navegando en un pequeño bote sobre el Mississippi junto a Tom Sawyer o sentado junto a la chimenea de la vieja cabaña del Tío Tom. En casa no solo había una biblioteca repleta de libros, sino que además si el día era muy lluvioso, quizá mamá hasta me dejaba volver a leer la vieja colección de revistas escolares llamadas Billiken (todas recortadas por mis hermanos para sus tareas), que ella atesoraba en lo más alto del clóset, amarradas prolijamente con un hilo que antes había servido para atar alguna caja de pizza. «Si lees mucho, nunca tendrás faltas de ortografía —me aconsejaba mamá hasta el hartazgo— además, tu manera de hablar va a ir cambiando, tu lenguaje va a ser muy nutrido, hijo». Y aunque por aquel entonces tartamudeaba bastante, decidí pensar que mamá tenía razón y que no pararía de leer por el resto de mi vida; así que me dispuse a devorar todo lo que se podía leer en casa: libros, historietas, y hasta los viejos periódicos que envolvían las papas.

En esos mismos días y luego de almorzar, veíamos películas en blanco y negro en uno de los únicos cuatro canales que podíamos ver. No había canal de dibujos animados y ni siquiera soñábamos con una videocasetera (que llegaría muchos años más tarde a la casa de algún potentado del barrio, pero nunca a la nuestra), aun así, era inmensamente feliz de compartir con mis viejos una película de Luis Sandrini, Niní Marshall, Cantinflas y, si Dios era providente, hasta había posibilidad de que pasaran alguna de Laurel y Hardy o Abbott y Costello, y entonces nos desternillábamos de la risa junto a un destartalado calentador que fungía como estufa.

«Los sábados de súper acción» eran los días del Far West [Lejano Oeste] y el televisor le pertenecía exclusivamente a mi papá. Con él supe quién era John Wayne, Gary Cooper, Kirk Douglas, Burt Lancaster o Gregory Peck; con tan solo siete u ocho años de edad, yo podía enumerarlos a todos y reconocer a cada uno. «Mira, están dando una de Robert Mitchum, ¡que trabaja muy bien!», me decía el viejo, como si fuese un eximio crítico del buen cine. Y aunque yo no entendía casi nada del argumento, nada se comparaba a tirar una almohada en el suelo y esperar la parte de los disparos o la pelea en el saloon [bar típico del oeste], mientras la lluvia no cesaba de caer sobre las chapas de la habitación del fondo, que era donde más se sentía y se disfrutaba. Si el piso estaba muy frío (por aquel entonces ni sabíamos lo que era una alfombra), solía sentarme a la mesa con un cuaderno, un lápiz, y no paraba de dibujar hasta terminar mi propia historieta; «Rocko y Mel» se llamó mi ópera prima, y mostraba las desventuras de dos marcianos perdidos en la tierra.

Mamá preparaba unas tortas fritas de harina deliciosas, llenas de azúcar y cantidades industriales de grasa, pero en aquellos días nadie pensaba en la dieta o que existían comidas que podían hacernos engordar. Y de haberlo sabido, no creo que nos hubiese importado, comíamos hasta que se nos fueran las ganas, tantas como pudiéramos: «Come que estoy friendo más», invitaba mamá.

Eran días tranquilos, de marea baja.

Yo era simplemente «El Dantecito», un niño delgaducho, callado, y mi único sueño era vivir aquel día, cortito y lluvioso, con olor a tortas fritas, películas en blanco y negro, y mi pila de libros desparramados sobre la cama. Ni se me hubiese cruzado por la cabeza que algunos de mis hermanos algún día iban a morir, o que alguna vez subiría a un avión y me iría a vivir a la otra punta del mundo, o que años más tarde a alguien le podía llegar a interesar escucharme.

Hace un tiempo regresé a aquella casa para estar un rato con mis viejos. El barrio en el que crecimos está envejeciendo. La antigua panadería tiene un cartel que dice «se vende». El almacén de la esquina ya no existe, tampoco la casa. Los niños crecieron y emigraron. La mayoría de los vecinos son viejos solos. Los que fueron novios de la secundaria están divorciados. Los muchachotes que jugaban con la pelota han muerto o también están ancianos. Me hizo acordar de una vieja canción que dice: «Pueblo mío que estás en la colina, tendido como un viejo que se muere; la pena, el abandono, son tu triste compañía...».[3]

Hubiese querido saludar a los rostros familiares, acariciar a los perros conocidos, comprar pan calentito en la vieja panadería, o jugar en una calle llena de niños. Pero no pude. Hubiese querido darles nuevas fuerzas a mis cansados padres, o una nueva memoria a la vieja, para poder hablar de muchas cosas que ya no recuerda, o pedirle que volviera a resolver esos crucigramas que ella sola podía hacer en cuestión de minutos. Cambiaría su andar lento por pasos firmes. Haría que recuerden todo lo que olvidaron de mi niñez y que ya no me pueden contar. Ni siquiera saben dónde quedaron todas aquellas fotos que les costó años mandar a revelar, así que tampoco logramos encontrar alguna de cuando yo era un niñito.

Incluso así, y con todo aquello que ya no puedo cambiar, casi cuarenta años después, al otro lado del mundo y en otra casa junto a enormes montañas, vuelve a llover sobre mi ventana y pienso que, efectivamente, como dijo el personaje de Soledad Villamil: «La lluvia ya no cae como antes».

Pienso que ya no tengo cuentas pendientes con mi pasado. Fue bueno haber vivido en aquel hogar, mucho antes de que me enamorara y muchísimo antes de que Dios me pusiera de pie frente a una multitud.

Si ahora mismo estás mirando por el cristal empañado de la ventana del tiempo aquellas cosas que ocurrían allá lejos y hace tiempo, recuerda que a tu historia aún le falta el mejor capítulo. A tu concierto le espera la mejor canción. Un gran compositor guarda su obra maestra para el final. Aunque no lo creas, cada segundo de vida común es un paso dado. Cada aliento es una página a la que das vuelta. Cada día es una milla registrada. Estás más cerca de tu amor de lo que piensas, y Dios va a regalarte que envejezcas junto a tu gran amigo del alma, para charlar durante larguísimas horas al lado de una chimenea, mientras implorarás que siga lloviendo durante toda la noche. Porque pensándolo bien, y después de todo, siempre será el mismo amor... y la misma lluvia.

Valora las cosas que ella haga para ti y por ti.
Reconoce su esfuerzo en sus comidas,
y en la manera de llevar adelante la nueva casa.
No cometas el error de comparar a tu esposa con tu
madre. Primero, porque nadie es mejor ni nadie es peor;
y segundo, porque estarás soltando un comentario
que ella recibirá como una provocación al hacer
una comparación que no tiene justificación ni razón
de ser. Tu madre es tu madre,
y tu esposa es tu esposa.

No quieras reproducir tal cual en tu casa,
la casa que dejaste al casarte.
A menos que quieras comprobarlo por ti mismo,
siempre tal cosa será generadora de abundantes
discusiones y distanciamientos que pueden
y deben evitarse. Has comenzado una nueva etapa,
a escribir una nueva historia. La clave aquí
es esa palabra increíble: «nueva».
No lo olvides.

17

Morir amando

Hace algunos años me puse a pensar en la manera en que quería morir. Sé que suena morboso, pero déjame explicarte cómo arribé a esa conclusión. Luis Sandrini fue un talentoso actor argentino que filmó nada menos que setenta y dos películas, y allá por 1980 mientras rodaba Que linda es mi familia, comenzó a sentirse muy mal de salud. Terminó la última escena y se fue directo al hospital a internarse, donde murió dieciséis días después, un domingo 5 de julio de 1980; al día siguiente yo cumplía doce años.

Aún recuerdo las declaraciones de su esposa: «Luis falleció en el set, amando y haciendo aquello que más lo apasionaba».

Así es como decidí que quería morir: al igual que Sandrini, haciendo lo que amo y amando hasta el último aliento de mi vida.

Quiero vivir con esta pasión y amor que me ha puesto Dios, hasta que me tenga que ir.

Estoy plenamente convencido de que la fecha en la que uno muere no es la misma que queda grabada en nuestra sepultura. La mayoría de la gente muere mucho antes de bajar al sepulcro. Comenzamos a morir cuando ya no estamos enamorados y no nos queda nada ni nadie por quien valga la pena vivir. Y no comenzamos a vivir hasta que no hayamos encontrado a alguien por quien valga la pena morir.

Es irónico que descubrir a alguien por quien valga la pena morir, sea el motivo por el que valga la pena seguir viviendo. (Sí, léelo otra vez, por favor).

El gran error de muchos es que comienzan persiguiendo una pasión y terminan conformándose con un enamoramiento. Y las pasiones más profundas quedan sepultadas bajo los escombros de las responsabilidades cotidianas.

He conocido personas que de jóvenes eran muy apasionadas y románticas hasta la médula; pero tan pronto se casaron y tuvieron un par de hijos, se dedicaron a trabajar para pagar cuentas, como si de eso se tratara el gran juego de la vida. Los gastos fijos ahogaron aquel apasionado amor, se volvieron opacos y dejaron de brillar.

Sé que algunos me lo discutirán alegando: «Eso que planteas no existe en la vida real, el amor es una decisión, no solo un sentimiento», y aunque en algún punto podría estar de acuerdo, eso no significa que deba perderse la pasión en el proceso, porque si eso sucede, solo nos queda el tedio de la obligación. Uf.

El amor verdadero y apasionado es lo que te despierta a primera hora de la mañana y te mantiene despierto hasta altas horas de la noche, en todos los órdenes de la vida.

Conozco personas que aunque todos los días suben un peldaño, son muy infelices y es porque han apoyado su escalera en la pared equivocada (sé que algunos entienden exactamente de lo que hablo), y lo que es peor, descubren que en la cima también hay angustia. Es la depresión de la falsa felicidad. Se casaron enamorados del amor y no de quien decían amar. Es como seguir toda una carrera con el único fin de obtener un diploma para colocar en la pared; si no amas lo que vas a hacer, el diploma se pondrá amarillento antes de lo que imagines.

Como suele suceder con las celebridades de Hollywood, que la mayoría termina en clínicas de desintoxicación.

Me pregunto ¿qué hay ahí arriba, en la cima, que los espanta tanto? ¿Será que, a deseo cumplido, deseo muerto? En mi caso, prefiero fracasar en algo que amo, a tener éxito en aquello que no disfruto.

No puedo dejar de pensar que nadie sentía más amor y pasión por la vida que el mismo Jesús. Y por eso se le da el nombre de «pasión» al último capítulo de su vida. Razón por la cual los seguidores de Jesús deberíamos ser los más apasionados del planeta. Por eso mismo es que me indigna esa gente que cree que «ama un poco», pero no está segura. O aquellos que están «casi» enamorados pero no lo suficiente como para arriesgarse, porque en definitiva viven una vida abúlica, en blanco y negro, salpicada por alguno que otro gris de tanto en tanto.

❤

—¿Eres feliz? —les peguntas.

—No me puedo quejar —te responden.

—Te pregunté si eres feliz.

—Bueno... tengo una linda familia.

—No me estás contestando lo que te pregunto.

—Digamos que no hacen faltar nada...

—No te pregunté por tu economía, sino por tu felicidad.

—Qué sé yo... supongo que sí, no me lo he puesto a pensar.

❤

Lo cierto es que al amor no hay que pensarlo, hay que sentirlo. A la felicidad tampoco se la supone, se la vive. En fin, en el mejor de los casos, recuerdan que alguna vez amaron y ya no edifican una vida ni mantienen la llama, solo se dedican a sobrevivir.

En mi caso, he decidido pintar la vida del color que más me guste. Si amo, lo hago con pasión o prefiero no hacerlo. Escribo, dibujo y actúo con pasión. Doy mis conferencias y predico con pasión, como si fuese la última vez que lo fuese a hacer. Tengo algunas canas, un par de arrugas más y me canso un poco más que hace dos décadas atrás, pero hasta ahora nunca he perdido el fuego y espero no hacerlo nunca. No siento culpa ni pido perdón por ser intenso, por ir hasta el fondo siempre, por ser apasionado hasta quedarme sin fuerzas y caer exhausto en la cama, cada noche de mi vida.

Lo invierto todo, lo doy todo, no me guardo nada para mañana, ni siquiera una buena idea para un próximo libro. El pasado murió mientras dormía, el mañana aún no me pertenece, solo cuento con el capital del hoy y lo transito con pasión.

Si así es como he vivido, imagínate cómo me gustaría morir: nada menos que amando, lo cual por estos días es casi un artículo de lujo.

Cuando vayas a conquistar a quien amas,
no cometas el error de afirmar:
«Bueno, si realmente me ama, me debe amar
tal como soy». Si eres mal educado, violento,
rara vez pasas por la ducha, una vez por semana
te cepillas los dientes, duermes todo el día
y te levantas para seguir durmiendo más tarde,
si no trabajas y ni muestras intenciones de progreso,
si estás peleado con Dios, los santos y tu familia,
si vas al colegio y hace años ya pasaste a ser un
mueble del mismo, si cada mes tienes novia nueva
como calzones te cambias, y algunas otras distinciones
más, no esperes que nadie te quiera tal como eres.
Si algo tiene de poderoso el amor es que, por amor,
todos pueden y deben cambiar.

18

Prefiero
(El deseo de toda mujer)

Prefiero que compartas conmigo unos pocos minutos ahora que estoy viva y no una noche entera cuando yo muera.

Prefiero que estreches suavemente mi mano ahora que estoy viva y no apoyes tu cuerpo sobre mí frente fría cuando yo muera.

Prefiero que hagas una sola llamada ahora que estoy viva y no emprendas un inesperado viaje cuando yo muera.

Prefiero que me regales una sola flor ahora que estoy viva y no me envíes un hermoso ramo cuando yo muera.

Prefiero que elevemos al cielo una oración juntos ahora que estoy viva y no un gran servicio de funeral cuando yo muera.

Prefiero que me digas unas palabras de aliento ahora que estoy viva y no un desgarrador poema cuando yo muera.

Prefiero escuchar un solo acorde de guitarra ahora que estoy viva y no una conmovedora serenata cuando yo muera.

Prefiero me dediques alguna poesía ahora que estoy viva y no un poético epitafio sobre mi tumba cuando yo muera.

Prefiero disfrutar de los más mínimos detalles ahora que estoy viva y no de grandes manifestaciones cuando yo muera.[1]

19

Otro día sin amor

¿Qué darías por husmear en el diario íntimo de quien amas? Todo sería mucho más fácil si supieras exactamente lo que siente, pero quizá no habría misterio ni conquista. Casualmente llegaron a mis manos los diarios íntimos de una pareja que se ama, pero que pasarán otro día más sin tenerse. Si los ves, no les cuentes que leíste sus confesiones aquí.

Lunes:

Ella: Desde que nuestras miradas se cruzaron por primera vez, mi corazón tiene un latir distinto y mi vida un mejor motivo por el cual luchar. Me enamoré de sus ojos, de la simpleza de su apariencia, de su caballerosidad, de su humor, de su voz tan dulce y tierna, de su risa. Simplemente se metió en mi vida.

Él: Al principio ella no me llamaba demasiado la atención; sin embargo terminó siendo como aquella vieja canción que decía: «Que tenga un toque especial, que sea como es, un aspecto tan normal, que a veces ni la ves; que no sea un huracán … que sea casi miel, que sea tanto amor que escribo en un cartel: un hombre busca a una mujer…».[1]

Tal cual. Me enamoré de su tierna sonrisa, de sus dulces palabras, de su sencillez, de su feminidad. La siento tan niña pero tan mujer. Es la mujer con la que siempre soñé y que creí que no existía. Siempre he dicho que si volviera a nacer, cruzaría el mapa y la iría a buscar a donde fuese, con tal de hacerla mía.

Martes:

Ella: Ocurrió que hubo magia entre los dos, no sé si él se habrá dado cuenta, pero yo me enamoré de a poco y sin darme cuenta; al mirarlo a los ojos, mi alma despertó de esa eternidad dormida en un lago oculto; al mirarlo a los ojos mi mirada cambió, y tan solo en ese instante mi corazón lo amó. Y ahora estoy aquí escribiendo acerca de él, pensando en su mirada, y si no hubiera visto esa chispa en su mirada, seguramente no me hubiera enamorado de él, y si al mirarlo él hubiera ignorado mi mirada, seguramente aún estaría en esa eternidad dormida, y no pensando en sus ojos, que tienen ese poder de cambiar mi estado de ánimo y mi día.

Él: Algo en lo más profundo de mi corazón me dice que ella lo sabe, que ya se ha dado cuenta de mis sentimientos. Aunque ambos compartimos esa mirada entre los dos... sé que se ha dado cuenta, ya que ella responde a mis ojos, y eso realmente me hace muy feliz. Tengo que buscar la manera de decírselo de algún modo.

Miércoles:

Ella: ¿Cómo sucedió? Apareció cuando menos lo esperaba... pero cuando más lo necesitaba.

Si tengo que estar agradecida es porque él escucha atentamente cuando hablo, lee lo que escribo, y ríe con lo que digo. Porque aparece cuando más lo necesito. Porque ocupa mi pensamiento desde el principio hasta el fin, porque mis ojos despiertan cuando lo ven, porque mis oídos se alegran cuando lo escuchan. Le he entregado mi corazón, y solo espero que nunca olvide que allí muy dentro está él. Como decía aquella canción: «El hombre que yo amo tiene algo de niño, la sonrisa sincera, sabia, inteligente. El hombre que yo amo no le teme a nada, [...] no sabe de enojos, no entiende rencores [...] camina en mi mente, es mi único amor entre tanta gente, [...] ladrón de mis sueños, duende de mi almohada».[2]

Él: Uf, suena por tercera ocasión el despertador, no quisiera despertarme aún, deseo seguir imaginando su cara. Sin embargo, ya es tarde y el día no espera. Finjo ver las noticias mientras tomo mi desayuno, pero en realidad es su sonrisa la que estoy viendo en el monitor, la tengo tan grabada en mi mente que me resulta difícil imaginar otra cosa. Entre prisas y reclamos, «¡estás en las nubes!» o «¡ya despierta!», de pronto comenzó el trajín del día.

Un par de horas corriendo y por fin solo; sí, me agrada así. Intento concentrarme en las cosas que tengo que hacer, pero me resulta tan complicado, cada pensamiento inevitablemente me lleva a ella. Y lo peor del caso es que no me resulta molesto, por el contrario estoy aprendiendo a vivir así, con ella a mi lado, aunque solo sea en mi mente.

Jueves:

Ella: Imagino lo que le diré cuando lo vea, pero sobre todo tengo que encontrar algún nuevo motivo para acercarme a él. No es que se me dificulte eso, pero tengo que ser convincente y no verme tan obvia; no quiero que se dé cuenta de todo lo que me pasa; solo espero que sea él quien tome la iniciativa y me diga si siente algo por mí.

¿Me llamará? Todos los días, inconscientemente, lo busco entre la gente y no está, es fácil encontrar un ángel entre la multitud, pero no a él. Solo quiero escuchar esas canciones que me recuerdan su aroma. Me transportan a ese mundo donde todo es posible, ahí no hay leyes, ni tiempo, ni espacio, solo él y yo. Ahí puedo tocar su sonrisa, besar esa boca, mirar esos hombros que me encantan.

Necesito un baño y, por supuesto, un reacomodo de ideas y de sentimientos. Intento dormir pero no puedo, necesito sacar esta ansiedad. La tarde ya se fue, apenas el último aliento del sol parece reírse de mí.

Él: Apenas ceno, en realidad, ¡no tengo hambre!, intento ver la TV, estoy distante. Me pregunto: ¿qué estará haciendo? El celular suena, una llamada más, pero no la que deseo.

Los ojos se me cierran y en ese pequeño lapso entre la vigilia y el sueño, me parece ver su rostro, esa cara tan perfecta, y esa risa como de ángel; sí, sé que estoy loco, que esto no es normal en un hombre que se presume inteligente. ¿Pero quién después de verla podría vivir tranquilo, sabiendo que anda un ángel por ahí, rompiendo corazones con tan solo sonreír?

Viernes:

Ella: ¡Hoy finalmente nos vimos! Pero solo me sonrió gentilmente, me habló de algunas cosas superficiales y luego se marchó. Otro día sin saber si él siente lo mismo, y ¿cuántos más vendrán? No me importa. Llegarán más sueños, más anhelos y en cada uno de ellos siempre estará él. Solo espero que de una buena vez, se anime a decirme todo lo que siente, y apenas lo intente, estoy decidida a besarlo antes que termine de hablar.

Por ahora... tendré que vivir otro día sin él.

Él: ¡Hoy nos vimos! En realidad no supe qué decirle y solo le hablé un par de tonterías, es que no quiero arriesgarme a decirle lo que siento y que me rechace, ¡no podría soportarlo! Además, cuando la veo, no logro darme cuenta de si ella siente aunque sea la cuarta parte de lo que yo siento por ella. No sé si alguna vez logre animarme a decirle todo lo que siento; tal vez solo le robe un beso, aunque luego me dé una bofetada. Pero por ahora... tendré que vivir otro día sin ella.

El respeto mutuo es una columna fundamental
en el sostenimiento del nuevo matrimonio.
Respeta a tu esposa en todo.
Nunca hagas nada sin haberlo considerado primero
y aun acordado en lo privado, juntos.
Respeta sus opiniones.
Respeta sus vergüenzas.
Respeta sus tiempos.
Respeta su integridad.
No es una cosa, es una persona.
Jamás llegue el día en que levantes tu mano
en contra de su integridad. La falta de respeto
puede hacerse una costumbre, y puede terminar
mañana provocando daños irreparables.

Planifiquen la boda.

No dejen detalles librados al azar.

Varios fueron felices esa noche y se amargaron

pagando deudas siderales mucho después

de regresar de su luna de miel.

Que los gastos estén a la altura de la capacidad

de pago que ustedes y los que se unan

estén en condiciones de gastar.

¿Volamos?

Es válido preguntarte si estás enfermo o solo es una sensación de malestar. También podrías dudar acerca de si tienes ganas de almorzar o solo comerte una barra de cereal. Pero no puedes dudar si amas o no. Si todavía dudas es porque aún no amas, punto; el asunto es así de pragmático y lineal. De igual modo, hoy se me ocurrió enumerar de manera desprolija, solo algunos síntomas que deberías padecer, para saber si esa persona logró meterse en tu alma y adueñarse de tu corazón.

Cuando amas de verdad y miras a sus ojos, todo a tu alrededor se detiene y deja de existir.

Cuando amas profundamente, sueles tener esas conversaciones que no quieres terminar, pero que tampoco sabes cómo seguir.

Cuando amas, quisieras estar cerca de esa persona para protegerla y cuidarla toda la vida. Y si no lo puedes hacer, no hay un solo minuto en que no pienses en cómo estará; solo quieres que sea muy feliz, aunque no estés a su lado.

Cuando amas de verdad, simplemente dices: «Estoy feliz, no me preguntes por qué, cuando existe un por quién».

Cuando amas de verdad, te quedas mirando a esa persona y te das cuenta de que cada día te gusta más y serías capaz de cualquier cosa con tal de pasar toda una tarde charlando, riéndote de tonterías o tomando un café en silencio, juntos. Después de todo, son los pequeños detalles los que realmente enamoran.

Enamorarte en serio es cuando de repente llega ese alguien de la nada y se te hace indispensable hasta el más sencillo saludo de buenos días; deseas su sonrisa cómplice, un simple gesto de cariño, el más efímero abrazo, porque el más mínimo de los detalles te importa, y mucho.

Aunque te cueste creerlo, existe esa persona que entra a tu vida y se adhiere a tu alma de manera permanente; menos que eso, no califica como amor.

Aun cuando crees que has perdido todo, siempre aparece esa persona que te ofrece todo lo que creíste perder, y terminas convenciéndote de que no se puede renunciar a aquello en lo que no dejas de pensar todos los días.

Recuerda que el corazón no muere cuando deja de latir, muere cuando los latidos no tienen sentido.

En el caso de que seas varón, te repito que a una mujer hay que tocarle su corazón, no su cuerpo. Hay que robarle su atención, no su virginidad. Y hay que hacerla reír, no llorar.

Así que, toma valor, llámala o escríbele y dile algo como:

♥

«Solo pasaba por aquí y me dieron ganas de quedarme toda la vida».

«Sin ser lo que buscaba, terminaste siendo todo lo que necesito».

«Una vez pensé que lo tenía todo hasta que te conocí».

«Tenía todas las respuestas, pero me sonreíste y cambiaron todas mis preguntas».

«No es que mi felicidad dependa de ti, sino que mi felicidad te incluye a ti».

♥

Y es así como sucede, que de volar en soledad durante tantos años, no sabes cómo sucedió, pero de la noche a la mañana, ya no concibes el hecho de viajar por tu vida sin esa persona. Es así como sucede, sencillo y básico. El amor no es aquello que queremos sentir, sino aquello que sentimos sin querer. Andabas caminando y terminaste por los aires sin darte cuenta.

Así que, si no estás volando, es que nunca te enamoraste.

El romance es el tiempo que se conceden para poder soñar, disfrutar y planificar. Escríbanse. Desempolven de nuevo el arte de escribir cartas. Esto es loco como consejo en la era del Internet, pero la modernidad nos está robando la creatividad. Escribe cartas. Escribe poemas en su honor. Hay un creativo dentro de ti. Verás que el matrimonio feliz es aquel que, entre otras cosas, ha aprendido de los beneficios de la creatividad. Llámense. Chateen. Fotografíense. Dejen de todas las maneras posibles señales de su noviazgo. Recuerden que de lo que vivan en su noviazgo es de lo que les hablarán a sus hijos el día de mañana. Construyan sus propios buenos recuerdos. Hay quienes ya en su noviazgo produjeron recuerdos para olvidar, poderosos en eso de dejar marcas que dolerán por muchos años después.

21

¿Por qué te amo tanto?

Hoy me preguntaste: «¿Por qué me amas tanto?». Te miré sorprendida, no me esperaba de ti ese cuestionamiento, me quedé callada un segundo, me incliné hacia a ti y fue entonces que mirándote a los ojos te respondí:

Te amo tanto porque desde el día que nos presentaron no dejaste de decirme lo maravilloso que era pasar el tiempo conmigo, ni desististe de conquistarme nunca.

Te amo tanto porque cuando me miras aún logras hacer que me derrita y no sepa qué decir o qué hacer.

Te amo tanto porque cada palabra que ha salido de tu boca hacia mí ha estado cargada de respeto y de dulzura.

Te amo tanto porque me has permitido compartir contigo un sinfín de penas y alegrías. Te amo tanto porque a pesar de que engorde o que adelgace, para ti siempre te parezco hermosa.

Te amo tanto porque has respetado mi independencia, mi vida profesional, mi familia y mis deberes sin sentirte menospreciado.

Te amo tanto porque cuando sonríes o me dices «Hola», alejas de mí todas las tristezas. Te amo tanto porque no importa lo que ocurra, tú siempre regresas.

Te amo tanto porque eres un simple mortal con defectos y virtudes, pero con un alma buena; eres un gran hombre. Te amo tanto, porque eres amigo y consejero, y a pesar de conocer mis secretos y mi pasado, nunca me has reprochado nada.

Te amo tanto porque aunque vayamos a comer pizza, logras que se convierta en una velada romántica. Te amo tanto porque cada latido y cada pensamiento mío van dedicados a ti. Te amo tanto, que le pido a Dios que te cuide mucho cuando yo no puedo cuidarte y no me canso de agradecerle el que te haya puesto en mi camino.

Te amo tanto, que si un día murieras, seguramente en dos segundos yo me iría a tu lado, pues no hay manera de separarme de tu amor...

Te aclaro que no eres perfecto, pero siempre estás aquí.[1]

22

¿Sabes lo que es un suspiro?

«Si supiera que esta fuera la última vez que te vea salir por la puerta, te daría un abrazo, un beso y te llamaría de nuevo para darte más [...] Siempre hay un mañana y la vida nos da otra oportunidad para hacer las cosas bien, pero por si me equivoco y hoy es todo lo que nos queda, me gustaría decirte cuánto te quiero y que jamás te olvidaré».[1]

Gabriel García Márquez

—Papá, ¿tienes tiempo para mí?

—Siempre, hija.

—¿Nunca te sentiste que estabas con alguien pero a la vez te sentías solo?

—Muchísimas veces. Pero aprendí que si algunas personas se alejan o se desconectan de ti, no hay que ponerse triste; es la respuesta de Dios a tantas veces que le pedimos: «Y líbranos de todo mal, amén».

—¡Ja ja! Hablo en serio. Duele que a veces quienes están a tu lado no te valoren como debieran.

—Toda mujer merece a un hombre que la mire todos los días como el primer día en que la vio. Si no cuentas con eso... mejor que ni pierdas el tiempo, m'hija.

—Ya lo sé. Solo que tal vez con el tiempo, quizá él haya cambiado un poco.

—La gente no cambia, solo se cansa de fingir.

—¡Es que yo quiero estar enamorada!

—Ese es tu problema, nena. El amor no es algo que queramos sentir, es algo que sentimos sin querer.

—¿Me estás diciendo que no importa el tiempo que llevamos juntos?

—En la vida hay que dejar huellas, no cicatrices. Si tu novio te produce más dolor y dudas que felicidad, no te merece. Punto. No le des más vueltas.

—Yo también reconozco que soy un poco complicada, y que tengo un carácter algo fuerte; no soy la típica mujer que a todo le dice sí, y tal vez por eso discutimos mucho.

—Una mujer inteligente es todo aquello que un hombre mediocre no quiere tener a su lado. Lo que más seduce a un buen hombre es la inteligencia femenina.

—Tú lo dices porque soy tu hija.

—Yo lo digo porque conozco algo de mujeres y reconozco la inteligencia cuando la veo, y la venero.

—Yo traté de explicarle a él lo que necesito para ser plenamente feliz...

—No quiero decepcionarte, hija, pero si no comprende una mirada, tampoco comprenderá una larga explicación.

—Es que lo único que le pido es que ¡me sea sincero!

—Si buscas una conversación sincera, habla con un niño. Los adultos solemos ser más hipócritas; no abundan aquellos que abren el corazón sin reservas.

—Tú siempre fuiste sincero, papá.

—Pero no te creas que así fui siempre; solo que me estoy poniendo viejo. Por mucho tiempo fui todo lo que pude, ahora soy todo lo que quiero. Lo que piensen acerca de mí... ya no es asunto mío.

—Tienes razón. Y lo peor es que cuanto más él me ignora, más nos desconectamos. Conmigo no funciona el «te ignoro para que te enamores», a mí me prestas atención o ¡te desapareces de mi vida para siempre!

—Siempre fuiste muy sensible y necesitada de amor... desde chiquita.

—¡Toda la vida! Y no pienso cambiar a esta altura.

—Y no tienes que cambiar, eso es lo mejor que tienes. Algunos hombres matarían por amar a una mujer sensible y necesitada de afecto. El hecho de que las medusas hayan sobrevivido seiscientos cincuenta años sin cerebro, es una gran noticia para algunos varones, incluyendo a tu novio.

—¡Ay! No seas tan malo.

—No es que sea malo; mi mayor sueño es que te enamores de alguien que de verdad te merezca; tienes mucho amor para dar. No pierdo la esperanza de que algún día cercano puedas decirle a alguien: «Te amo con todo mi alma y por primera vez, no me importa no saber por qué». No hay razones para enamorarse de verdad.

—A mí también me gustaría pensar en alguien así, alguien que siempre me haga bien, alguien que cambie hasta mi ánimo, solo con verlo.

—¿Ves lo que te digo? No estás enamorada de tu novio. No pierdas más tu tiempo ni se lo hagas perder a él. El mayor error que puede cometer un hombre es darle a otro la oportunidad de hacer reír a su chica... y él no te ha sabido hacer reír, o por lo menos perdió esa facultad.

—Tienes razón, papá. Pero tampoco pasó nada grave entre nosotros; solo que se fueron sumando pequeñas cositas... qué sé yo.

—Si lo sabré. Son los pequeños detalles los que enamoran o decepcionan a una mujer. Sigue mi consejo: date el tiempo que haga falta, y alguien que realmente valga la pena lo invertirá en amarte y cuidarte. Espera hasta enamorarte de alguien de modo que cuando lo veas, solo tengas ganas de abrazarlo y no soltarlo nunca más.

—Dicho así, suena tan lindo.

—Es que vale la pena esperar por lo que vale la pena tener, hija. Vas a terminar junto a una persona que te mantenga enamorada hasta el fin de tus días, y muy en el fondo yo sé que lo sabes.

—Me conoces demasiado.

—Soy tu padre ¿no? Déjame preguntarte, al noviecito este... ¿Lo extrañas cuando no estás con él?

—No sé, no estoy segura. A veces prefiero estar sola.

—¿No estás segura? ¿Prefieres estar sola? ¡Cuando te enamores de verdad vivirás extrañándolo! ¡Estar sin él es como si te desconectaran del respirador! Cuando él tenga que viajar o irse lejos sentirás que una parte de ti se va con él. Yo siempre lo dije: en los aeropuertos se ven besos más sinceros que en las bodas. Y los muros de los hospitales han escuchado oraciones más reales que las iglesias.

—No puedo creer que vine a contarte lo que creí que era una pequeña crisis y ahora resulta que voy a terminar cortando con mi novio.

—Es que en eso eres demasiado mujer, te pareces a tu madre. Te preguntas si a lo mejor esto que conoces es el verdadero amor y si acaso estás cometiendo el error de dejarlo ir, pero te doy mi palabra que no lo es, lo puedo leer en tus ojos. Confía en mí. Soy tu padre y nunca te he mentido.

—¿Me estás diciendo que no debería perder las esperanzas de encontrar un amor soñado?

—Te doy mi palabra. No será tu primer amor, pero sí la mejor de tus historias. Y aparecerá sin que lo busques. No será el primero que te haya besado, pero sí el último que lo haga.

—¿Estás seguro de que me puedo enamorar de alguien así?

—Una mujer seductora como tú, siempre deja algo en la mirada. Una mujer simpática como tú, deja algo en la sonrisa. Una mujer misteriosa como tú, deja algo en la imaginación. Y una gran mujer como tú, deja esencia en el corazón. No te conformes con menos de lo que te mereces, mi vida. Alguien al que no puedas dejar de extrañar nunca.

—...

—¿Qué fue ese gesto, hija?

—No fue nada. Solo suspiré.

—Hasta en eso me das la razón. ¿Sabes lo que es un suspiro?

—Supongo que me lo dirás.

—Es el aire que te sobra por alguien que te falta.

23

El corazón de una mujer nunca se equivoca

Algún día puede que te topes con ese verdadero amor con el que siempre soñaste y guardaste en tu corazón de quinceañera. Alguien que con solo mirarte te derrite el corazón. No es imposible que cada noche quieras irte rápido a la cama para permitirte soñar con ese amor que te ocasiona cosas que pensabas que ya no eras capaz de sentir.

Ahora, es también probable que hayas sufrido muchos desengaños amorosos, tal vez estés tan desencantada que te cuesta mucho confiar en los hombres y tienes miedo de volver a equivocarte. Más aún: es posible que esta sucesión de errores te impida reconocer a un hombre bueno que sea capaz de enamorarte y definir lo que significa . Al fin y al cabo, el problema está en que siempre te sentiste atraída por los hombres que te han causado dolor, te han roto el corazón o, lo que es peor, no te han valorado. Elegiste mal tantas veces que puedes llegar a creer que no existen hombres honestos, bondadosos o maduros. Pero eso no es cierto. Como te dije una vez: ¡claro que existe ese amor de las películas! Por supuesto que existe ese hombre que con solo mirarte unos segundos puede desnudarte el alma y dejarte expuesta como a un niña. Te doy mi palabra de honor de que existe ese hombre con el poder de derretirte solo con su mirada y que logra estrujar tu corazón con una sonrisa. Ese hombre está en alguna parte, tal como lo soñaste. No te conformes con menos de lo que siempre quisiste que te pasara.

La gran pregunta es: ¿cómo reconocerlo? Y aunque no existe una fórmula mágica para encontrar al hombre de tu vida, de igual modo puedo ayudarte contándote algunos detalles que estoy seguro te harán muy bien, si tan solo observas tu propio corazón.

En primer lugar comienza por fijarte en cómo te sientes cuando estás a su lado o piensas en él. Las mujeres que siempre han identificado el amor con el sufrimiento, no se dan cuenta de hasta qué punto sus parejas las han hecho sentirse mal. Están acostumbradas a experimentar tensión, dificultades, y hasta su estima está dañada y no se han dado cuenta. Se sienten pequeñitas y frustradas. Y aún creen que eso es amor. Pero no lo es. El amor te conduce a sentirte bien, fuerte, grande, poderosa, espléndida.

♡

En cuanto a los hombres, solemos ser más básicos. Sé que algunas mujeres son dulces por naturaleza, pero recuerda que una mujer sensible que se permite llorar o emocionarse, derrite a cualquier hombre. Si eres dulce, sensible y lo haces reír, es todo tuyo.

Sé auténtica, sé tú misma, espontánea, imprevisible; eso siempre resulta irresistible. Sé una buena conversadora. A los hombres sí que les gusta hablar, siempre y cuando estén frente a alguien que sepa escuchar.

Un hombre también se va a enamorar de ti, si cuando están juntos siente que puede ser él mismo, si se siente seguro al expresar sus sentimientos más íntimos. Pronto se va a dar cuenta de que te extraña, comienza a notar que tu presencia le es cada vez más indispensable. Cuando un hombre se siente cómodo y seguro a tu lado, comienza a extrañarte más, y su amor por ti crece día a día. Y lo más extraño es que ni siquiera sabe por qué se siente así. Lo que sí sabe es que hay algo especial en ti, algo que provoca emociones que no siente con ninguna otra mujer.

No te conformes con menos de lo que te mereces. Recuerda que mientras alguien te grita, hay un hombre deseando hablarte al oído. Mientras alguien intenta humillarte, hay un hombre dispuesto a recordarte que eres una gran mujer. Y mientras alguien te hace llorar, hay un hombre que solo pretende robarte una sonrisa. Solo tienes que saber elegir bien, y para ello, no se trata de saber si él reúne las cualidades del hombre perfecto, sino en cómo te hace sentir. Si le prestas atención a cómo se siente tu corazón cuando estás con él, es imposible que te equivoques.

No andes arreglando problemas ajenos
cuando no arreglas los tuyos en tu propia casa.
No des consejos que no aplicas en tu relación.
No te muestres piadoso ante el mundo,
y vivas como un demonio en tu propia tienda.
No seas generoso hasta con el mismo diablo,
sin ser proveedor liberal para los tuyos.
No arregles la conexión eléctrica de otra casa
y tengas con velas a la tuya.

Busquen lograr cosas juntos.
Tengan todo juntos.
Esto no es un ataque a la individualidad
ni cosa que se le parezca.
Hablen, comenten, decidan y actúen juntos.
Si los dos trabajan, no tengan
tesorerías y gastos separados.
Son uno, tengan un solo fondo, una sola
administración y una sola planificación
en cuanto al uso de los recursos.
No alimenten el monstruo de uno que
manda y el otro que obedece.

24

Esas frases inolvidables

A muchos varones como mujeres les cuesta expresar lo que sienten. Aquí les regalo algunas frases extraordinarias. La mayoría son de clásicas películas románticas del mundo del cine, otras solo me acuerdo de haberlas leído en algún lado, alguna vez y hace mucho tiempo. ¡Qué las disfrutes!:

❤

«Solo una vez en tu vida conocerás a la persona que dividirá tu vida en dos épocas, en antes y después de conocerla».[1]

❤

«Te garantizo que habrá épocas difíciles y te garantizo que en algún momento uno de los dos, o los dos, queramos dejarlo todo, pero también te garantizo que si no te pido que seas mío mc

arrepentiré durante el resto de mi vida porque sé
en lo más profundo de mi ser, que estás hecho para
mí».[2]

♡

«Me gusta que tengas frío cuando fuera hace 21°C,
me gusta que te cueste una hora y media pedir
un sándwich, adoro la arruga que se te forma
aquí cuando me miras como si estuviera loco, me
gusta oler tu perfume en mi ropa después de pasar
el día contigo y quiero que seas la última persona
con la que hable antes de dormirme por
las noches».[3]

♡

«Te quiero. Te quise desde el primer momento
en que te vi. Te quise incluso antes de verte por
primera vez».[4]

♡

«El amor es pasión [...] Alguien sin quien no puedes
vivir. Alguien por quien tu mundo se pone de
cabeza. Encuentra a alguien a quien ames como
loco y que te ame de regreso. Escucha a tu corazón.
La vida no tiene sentido sin ello. Hacer el viaje sin
enamorarse perdidamente es no haber vivido en
absoluto. Tienes que intentarlo, porque si no lo has
intentado, entonces no has vivido».[5]

«Cuando te das cuenta de que quieres pasar el resto de tu vida con alguien deseas que ese resto de tu vida comience lo antes posible».[6]

♥

«Me enamoré de la persona más inesperada en el momento más inesperado, por eso quiero que seas mi vida, no parte de ella».

♥

«Yo quiero que sigas en mi presente, te conviertas en mi futuro y nunca te quedes en mi pasado».[7]

♥

«Un verdadero amor como el mío puede ver la tristeza de tus ojos, mientras los demás se dejan engañar por tu sonrisa».

♥

«Aunque lo niegues, el amor que sientes por mí, controla tu estado de ánimo».

♥

«¿Qué es estar enamorada? Que cada vez que me voy, aún sigas sintiendo mi perfume».

♥

«Te vas y al segundo ya te extraño».

«Si pudiera pedir tres deseos, te pido tres veces».

♡

«Dios te puso a mi lado y de ahí no te mueves».

♡

«Si quieres a alguien por su belleza, no es amor, es deseo. Si quieres a alguien por su inteligencia, no es amor, es admiración. Si quieres a alguien porque es rico, no es amor, es interés. Si quieres a alguien y no sabes por qué... eso es amor; así que, ya deja de querer razonarlo porque no tiene explicación; simplemente la ves y te derrumbas una vez más...».[8]

♡

«Mi día perfecto no tiene que ver con lo que estoy haciendo o con el clima, mi día perfecto es cuando hablo contigo».

♡

«Un hombre inteligente abrirá tu mente, un hombre atractivo abrirá tus ojos, pero un caballero abrirá tu corazón, si encuentras las tres cualidades en uno solo... ¡has hallado un tesoro!».[9]

25

Y... ¿qué quieren las mujeres?

Sé que me leen muchos varones y continuamente me piden algún consejo con respecto a qué es lo que busca la mujer en un hombre, para de ese modo poder enamorarla perdidamente. La verdad es que la ciencia aún no ha podido descifrar el misterio de lo que enamora a una mujer promedio, pero me atreví a recopilar algunas cualidades que estoy seguro ella está buscando.

Para ser ingeniero tienes que estudiar cinco años o más, para ser un profesional tienes que tener experiencia laboral, para hacer una tesis tienes que realizar un proceso de investigación, pero a nadie le dicen: «Para enamorar a una mujer tienes que estudiarla detalladamente hasta que te gradúes como Licenciado en Relaciones Amorosas», así que conste que solo es una ayuda extra para que sepas con lo que estarás lidiando, tampoco te enumero estos adjetivos para que te deprimas, sino solo para que te des cuenta de las razones por las cuales no has podido enamorarla. ¿Está claro? Bien, vamos a lo nuestro entonces.

♡

Básicamente una mujer desea a un hombre que lea su pensamiento antes de abrir la boca.

Alguien que con mirarla sepa si se encuentra bien o mal, alegre o triste, con ganas de charlar o simplemente de permanecer en silencio.

Quiere a un hombre que le lleve la contra en las cosas poco importantes, pero que le dé la razón en todas las cuestiones importantes.

Quiere a un hombre que lleve la delantera de la relación, pero que siempre sea consciente de que la lleva porque ella así lo ha decidido.

Quiere a un hombre valiente que sepa defenderla, pero no un machito que se pelee con todo el mundo; ella prefiere a un caballero que la cele medidamente. Que la cele medidamente dije, no un enfermo.

Quiere a un hombre que sepa cocinar, pero que cuando pruebe su comida le diga que no podría jamás compararse con ella.

Quiere a un hombre que sepa exactamente cómo ella prefiere el desayuno y que jamás le diga que está gorda.

Quiere a un hombre que siempre esté dispuesto a conducir, pero que jamás se ponga nervioso cuando ella está al volante.

Quiere a un hombre que la haga reír, pero que no sea vulgar.

Un hombre que sea culto, pero que jamás le eche en cara que lee más que ella.

Quiere a un hombre que adore a su madre y a sus hermanas, pero que jamás la ponga a ella en segundo plano.

Quiere a un hombre que trabaje, tenga una posición sólida y le brinde seguridad, en ese orden (no se puede prescindir de ninguna).

Quiere a un hombre con quien pueda compartir aventuras, confidencias; sin embargo, que ella pueda ocultarle ciertos detalles que no le tienen por qué interesar y mucho menos atreverse a preguntar... nunca.

Quiere a un hombre que sea un libro abierto para ella, pero con algunas páginas indescifrables; o sea, que siempre conserve algo de misterio. No mucho... dije algo.

Quiere a un hombre con una linda sonrisa (eso incluye el cuidado de tus dientes y lavado continuo).

Que le diga que la ama todos los días de su vida, y que cada vez que lo diga, lo sienta de verdad.

Un hombre que no tenga miedo de tomarla de la mano o abrazarla en público, pero que no sea empalagoso y pretenda estar besuqueándola todo el tiempo.

Un hombre que no se sienta intimidado si ella se arregla bien, que la adore cuando está en pijama y sin maquillaje, y que de vez en cuando bese su frente, sus párpados y su nariz. (No me preguntes la razón, no tengo la menor idea, yo no hice a las mujeres así).

Que sueñe con el aroma de su cabello. Un hombre que nunca tenga el celular apagado, y que siempre le devuelva las llamadas o le conteste los textos, a la hora que sea.

Un hombre que cuando tenga una buena noticia, ella sea la primera persona en conocerla; y si tiene una mala noticia, que ella sea su primer apoyo.

Un hombre que nunca le diga: «Déjame que lo hago yo», por tratar de hacerlo mejor, sino para hacerlo POR ella; ojo con la diferencia, parece sutil, pero es determinante.

Un hombre que sea su mecánico, médico, abogado, poeta, escritor, papá, psiquiatra, amante, confidente, amigo, y que fundamentalmente sepa escucharla.

26

Y... ¿qué queremos las mujeres?

No somos tan complicadas. Las mujeres solo queremos a un hombre que nos proteja, que nos provea y que sea capaz de dar la vida por nosotras. Un hombre al que admiremos, que nos supere en inteligencia y que tenga una paciencia infinita para explicarnos las cosas. Un hombre al que no le importe que a nosotras no nos gusten las mismas cosas, ni los deportes, ni sus amigos. Un hombre creativo, curioso, divertido, y que siempre tenga planes interesantes para hacer con nosotras. Un hombre buen mozo, elegante, que huela bien siempre y que nos derrita con solo tomarnos de la cintura o rozarnos la mano.

Un hombre que tenga ganas de conversar —o de callarse la boca— y que nunca nos diga: «Algo te pasa, estás rara», porque siempre sabe exactamente qué nos pasa y cómo resolverlo con una buena charla... o quedándose callado.

Un hombre que haga buenos regalos, que sepa nuestro talle y nuestro gusto; pero que sepa que sea lo que sea que nos regale, igualmente lo iremos a cambiar.

¿Tan difícil es reunir requisitos tan básicos para enamorarnos?

Si no lo entiendes, «tranquilo, déjalo así».[1]

27

A las princesas que se cansan de esperar

No hay nada que atente más contra el verdadero amor que conformarse con algo menos que el ideal soñado. Te pasas gran parte de tu juventud esperando a un hombre que te haga temblar de amor solo con mirarte a los ojos, un príncipe que te haga desmoronar con su sonrisa, pero a medida que transcurre el tiempo te convences de que ya no quedan hombres así, o lo que es peor, comienzas a sospechar que quizá nunca nadie te va a enamorar como te mereces, que tal vez eso solo pasa en las películas. Lo único que te queda, y sabes con certeza, es que estás profundamente enamorada... pero del amor. Aunque aún no te has enamorado de nadie, tienes la capacidad de leer una tarjeta romántica y conmoverte hasta el alma, o puedes mirar una película de amor y llorar como una niña... es que las ganas de enamorarte son tan fuertes que el mismo amor que esperas.

Y enamorarse del amor nunca es bueno, porque siempre lo ideal va a colisionar con la realidad; cuando no logras enamorarte de alguien de verdad y solo amas el amor, el romanticismo no alcanza y termina en la cursilería barata. Las amigas comienzan a decirte: «¿Y qué estás esperando? ¿Al hombre perfecto? ¡Olvídate! Búscate a un hombre bueno que te quiera bien ¡y date por dichosa!». Y lo peor es que les empiezas a creer, abandonas la búsqueda de ese verdadero amor soñado, le pones un cartel de «disponible» a tu corazón y te dejas atrapar por el primer muchacho bueno que te promete una familia estable.

Conozco a varias mujeres que se casaron con la ilusión de que el casamiento por sí mismo les iba a regalar la felicidad que buscaban; pero tan pronto terminó la boda y la luna de miel fue un recuerdo del mes pasado... quedaron tan vacías como cuando aún no amaban.

Es que se casaron enamoradas del amor, y no del amado. Son esas mujeres que cuando le preguntas si son felices te responden como solían hacerlo nuestras abuelas: «La verdad, es que me tocó un hombre bueno y muy trabajador... no puedo quejarme, es un buen padre»; te dan ganas de decirle: «No te pregunté si tu esposo es un vago, un hombre malo o un pésimo padre, te pregunté si eres feliz, si ese hombre despierta tu pasión todos los días, si te corta la respiración cuando te roza la piel, si te tiene enamorada como a una tonta adolescente ¡aunque hayan pasado más de veinte años!».

Recuerdo una vieja canción de los ochenta que solía cantar Ángela Carrasco que decía: «... tienes alma de ladrón, tienes porte de señor y ojos de gitano; corazón de soñador, tienes piel de vividor pero te amo...»;[1] en otras palabras, aunque ella estaba consciente de que quizá él no era el yerno ideal para cualquier madre, aun así ella lo amaba irracionalmente. Es que el amor simplemente ocurre el día menos pensado, cuando descubres que el corazón ya no te pertenece y se transforma en un cóctel de sentimientos que no puedes controlar, y mucho menos disimular, especialmente cuando él te mira directo a los ojos.

Lo patético del caso es que quien está enamorada del amor, un buen día se conforma con un «peor es nada» o con un «por lo menos no estoy sola» y trata de convencerse de que lo ama. Piensa que en el fondo es afortunada en haber dado con un «hombre bueno» que la quiere bien, le dará la oportunidad de formar una familia, la va a cuidar y no le hará faltar nada; y como quien compra un electrodoméstico, se autoconvence de que se acostumbrará a esta nueva vida con lo que acaba de adquirir.

Cada noche piensa que esto debe ser lo más parecido al amor que ella soñaba, que tarde o temprano va a aprender a amarlo. Pero a amar nunca se aprende (se siente o no se siente), el amor de uno solo nunca alcanza para los dos, y aunque bese durante treinta años al mismo sapo, nunca se convertirá en príncipe (lamento hacerle añicos el cuento a alguna princesa con mi exagerada dosis de sentido común).

No estoy tratando de decir que tu amado no sea de carne y hueso, todo lo contrario, lo más probable es que tenga tantas virtudes como defectos, y es justamente por esa razón que necesitas sentir amor del bueno. Ese amor que perdura y aumenta con los años porque la llama se mantiene encendida y no porque quedaste atrapada en una relación.

Aun así, soy de la idea de que todo podría marchar medianamente bien por algunos años y quizá ella logre acostumbrarse a una vida medianamente tranquila junto a un «hombre bueno y trabajador», mientras va olvidando aquel amor ideal que nunca llegó a su puerta.

Pero un día (no importa cuántos años hayan pasado), en alguna esquina de la vida, ella se topa con ese verdadero amor con el que siempre soñó y guardó en su corazón de quinceañera. Alguien que con solo mirarla le hace pedazos todo lo que ella creyó construir con mucho esfuerzo, y la logra derretir solo con su sonrisa de caballero. Porque aunque ya no lo espera, ese príncipe con «cara de ángel, corazón de soñador y ojos de gitano» un buen día irrumpe en su corazón y literalmente le desmorona lo que hasta ese entonces creía que era el amor.

Ella se vuelve a sentir una adolescente y tonta enamorada (tenga la edad que tenga), por primera vez aparece esa sensación de mariposas en el estómago y no puede dejar de pensar en él nunca más. Pero claro... ya es demasiado tarde, ella creyó que con estar enamorada del amor le bastaría para aprender a amar al «hombre bueno» que tiene a su lado, hasta que realmente se topa con el verdadero príncipe al que no supo o no quiso esperar.

Como ella es una señora de bien, no hará ninguna locura y ocultará ese nuevo sentimiento en las profundidades de su corazón (como supo decir aquella anciana de la película Titanic, de James Cameron: «El corazón de una mujer es un océano de secretos»[2]); ella amará en silencio, y cada noche se irá rápido a la cama para permitirse de vez en cuando soñar con ese amor que le ocasiona cosas que ella pensaba que ya no era capaz de sentir, mientras que sabe que debe compartir el resto de lo que queda de su vida con el hombre bueno, que por lo menos «no la hizo sentir tan sola» cuando pensaba que aquel príncipe nunca llegaría.

¿Te parece una historia demasiado triste? Es probable. Pero es una hipótesis, algo que en la medida de lo posible deberías evitar que te suceda.

Por eso siempre que alguien que va a casarse viene a pedirme algún consejo, lo primero que le pregunto es si realmente ama a su pareja con locura, con esa pasión con la que el Señor nos dotó para amar, incondicionalmente y con todo el corazón.

Y en ocasiones termino descubriendo que tal vez quien está a punto de casarse solo está «enamorado del matrimonio», «de tener una familia propia» o «enamorado del romanticismo». Ninguna de las tres motivaciones alcanza para pasarte el resto de tu vida junto a otra persona. O sea, claro que puedes, la gran pregunta es si serás feliz.

Así que este mensaje es para ti, pequeña princesa: no importa si tienes cincuenta años y nunca te enamoraste de verdad, sigue esperando a tu príncipe y no te conformes con algo menor a un corazón locamente enamorado. ¿Te preguntas si existe ese príncipe? Claro que existe ese amor de las películas. Por supuesto que existe ese hombre que con solo mirarte unos segundos puede desnudarte el alma y dejarte expuesta como a un niña. Te doy mi palabra de honor de que existe ese hombre con el poder de derretirte solo con su mirada y que logra estrujar tu corazón con una sonrisa. Ese hombre está en alguna parte, tal como lo soñaste. No te conformes con menos de lo que siempre quisiste que te pasara.

Aun cuando te quedes dormida de tanto esperar... te aseguro que él te despertará de tu letargo con un beso que cambiará tu vida, tal como la conoces hasta hoy.

Ama a tu manera.
Pero que ambos descubran cómo amarse
y expresar su amor de nuevas y mil maneras.
Un no rotundo a la monotonía.
Que la creatividad sea un combustible
de todos los días. No la obligues a expresar
su amor como tú crees que debe ser expresado.
Disfruta su manera de ser...
y que ella disfrute de la tuya.

El amor es rosas rojas
y también hirientes espinas.
Se goza y también se sufre.
Se celebra y también se llora.
Se logra y también se fracasa.
No hay idealismos; hay realidades
y es en esa dimensión en la que se mueven
seguros los que se aman de verdad.

28

Ese hombre sí existe

Una mujer necesita a un hombre que camine a su lado, tomados de la mano, no detrás de ella porque llegará un momento en que lo perderá de vista, no delante de ella porque no lo podrá alcanzar, ni encima de ella porque se convertirá en un peso. Una mujer necesita alguien que esté a su lado, siempre, todo el tiempo, incondicionalmente.

Una verdadera mujer se merece que la traten como a una princesa, que la protejan como a una niña y que la amen como a una dama.

La mujer tiene cualidades que sorprenden al hombre: sonríe cuando quiere gritar, canta cuando quiere llorar, llora cuando está feliz, ríe cuando está nerviosa, ama incondicionalmente, sabe que con un beso y un abrazo puede ayudar a curar un corazón roto. Sin embargo, tiene un defecto: a veces se olvida de lo mucho que vale.

Ser mujer es llorar callada los dolores de la vida y sonreír en apenas un segundo; ser mujer es tropezar, caer y volver a caminar; ser mujer es ser elegida para traer vida al mundo.

La belleza de una mujer no está en la ropa que lleve, la figura que tenga, o la manera en que se peine. La belleza de una mujer siempre se ve en sus ojos, porque esa es la puerta a su corazón, el lugar donde el amor reside, y muy pocos hombres tienen el don de llegar hasta allí, hasta las profundidades del océano de sus sentimientos.

Por eso ella se enamora del hombre que se quedaría despierto solo para verla dormir. Del que besa su frente. Del que acaricia su mejilla con ternura. De ese hombre que quiera enseñarla al mundo aun cuando ella está desarreglada, y que siempre le parece que está bonita.

De aquel que se queda mirándola fijo, como no pudiendo creer que sea tan bella.

Y sí, aunque ustedes no lo quieran creer, hay hombres que también sufren por amor, algunos son muy sensibles, aunque lo disimulen muy bien. No todos son unos cavernícolas que solo piensan en sexo; hay hombres que piensan en «ella», hay hombres que se pasan horas esperando que ella se conecte por el simple hecho de querer saber cómo estuvo su día, si le pasó algo, qué necesita, cómo está. Hay hombres que sufren cuando creen que están fallando, cuando creen que hacen las cosas mal, y no se perdonarían lastimar el corazón de una dama.

Hay hombres que lloran con el hecho de pensar que ella se pueda ir.

Me he ocupado personalmente de recolectar algunas frases de todas partes, de esos pocos hombres que saben comprender a una mujer, y quiero transcribírtelas aquí.

Algunas son de autores famosos, otras, de simples hombres comunes que desnudaron su corazón y otras que alguna vez escuché:

♡

«Aunque no sepa quererte de la forma que a ti te gustaría, siempre te querré con todo mi corazón de la mejor forma que sepa. Solo me lamento de no haberte conocido dcsdc cl primer día que empezaste a ser mujer; me pregunto: ¿Dónde estuviste metida durante toda mi vida?».[1]

♡

«Tardé una hora en conocerte y solo un día en enamorarme. Pero me llevará toda una vida lograr olvidarte».[2]

♡

«Soy la persona más feliz del mundo cuando me dices "hola" o me sonríes, porque sé que, aunque haya sido para solo un segundo, has pensado solamente en mí».[3]

♡

«Si sumas todas las cstrellas del cielo, todos los granitos de arena en los océanos, todas las rosas en el mundo y todas las sonrisas que haya habido en la historia del mundo, empezarás a tener una idea de cuánto te quiero. Mientras no hagas esa suma, no te das una mínima idea de cuanto te amo».[4]

○

«Si pudiese ser una parte de ti, elegiría ser tus lágrimas. Porque tus lágrimas son concebidas en tu corazón, nacen en tus ojos, viven en tus mejillas, y se mueren en tus labios. Te quiero no solo por como eres, sino por como soy yo cuando estoy contigo».[5]

○

«Al conocerte cada vez más, me doy cuenta que realmente te amo, porque lo único que quiero para ti es tu felicidad, incluso cuando yo no te la puedo dar».

○

«Te quiero de una forma tan especial que no me hace falta tenerte ni verte para que mi amor crezca, solo me hace falta cerrar los ojos y saber que existes».

○

«Si te veo llorar te haré reír; si caes te ayudaré a levantarte; si te duermes te dejaré soñar; si ríes reiremos juntos; si callas escucharé tus gestos; si me miras observaré tu alma; si te falta un abrazo te abrazaré antes de lo que pidas; si necesitas algo, lo descubriré antes que hables; si me descubres me alegraré; si no tienes fuerzas te las daré; si no me escuchas te escucharé; si no ves la luz te acercaré a las estrellas; si me necesitas, ahí estaré, siempre; esa es mi palabra de honor, mi pacto de caballero».

♡

«Únicamente dejaré de amarte cuando tenga evidencias claras de que alguien te ama tan sólo un poquito más que yo. Por mi parte, te abrí mi corazón, te dejé pasar. Comencé por extrañarte cuando no te veía, luego empecé a necesitarte, te he explorado y he comprobado que eres perfecta, que encajas a la perfección con lo que desde toda la eternidad he amado ¿Cómo es posible que pueda extrañar tanto a alguien que hasta hace tan poco no conocía?».

♡

Sí, no pongas esa cara. Los hombres que dicen este tipo de frases sí existen. No abundan, es cierto, pero... ¿Te cuento algo y que no salga de aquí? Aún quedan algunos pocos hombres que saben cómo amar de verdad a una buena mujer. Lo bueno es que no tienes que esforzarte por encontrarlo, ese tipo de hombre un buen día aparece de la nada, y te enamora hasta los huesos.

Cuando ella te haya dicho que sí, y eso más que de Dios
o de la suerte, dependerá de ti... tranquilo,
no terminó nada, todo acaba de comenzar.
Como tú eres de novio, es como serás cuando seas
esposo. Hazte cargo desde el inicio de tu amor.
Sé respetuoso. Da las gracias. Di «por favor».
Abre la puerta de su auto. Que se siente ella primero y
tú colócale la silla. No le grites, no la maltrates.
No la pongas en contra de su familia.
Respeta a su familia. Respeta los horarios.
No entres en batalla con sus padres.
Que no pierdan a una hija en manos de un antifamilia.
Que ellos se den cuenta de que
han adoptado a un nuevo hijo ejemplar.

29

Los viernes siempre son muy buenos para decir «te amo»

—Mamá... ¿qué haces cuando la persona que más necesitas es la que más lejos está de ti?

—La distancia no significa nada, hija, cuando alguien significa todo.

—No me refería a que está lejos geográficamente, sino que no puede estar tan cerca de mí como quisiera.

—¿Te enamoraste?

—No lo sé... la verdad es que me molesta sentir tantas cosas. Es increíble como una persona te puede cambiar el estado de ánimo. Él tiene ese extraño poder, una palabra suya, un gesto... y siento que cambia mi día.

—¡Uf! Sé algo de eso. ¿Sientes que te entiende?

—¡Cómo ninguna otra persona en este mundo!

—Y bueno... amar es encontrar a alguien que te entienda sin dar demasiadas explicaciones. ¿Eso es lo que te molesta?

—No sé si me molesta... más bien me enamora.

—Un gran hombre es ese alguien que despoja despacito tus secretos... es un señor, más que todo un ser humano, que como nosotras tiene sus historias pasadas, bien o mal vividas. Un verdadero caballero no te quita la ropa, sino que te va robando los secretos que creías tener muy guardados, hasta que un día te deja con el corazón expuesto, desnudo.

—¿Y eso es malo?

—Según quién sea. Cuando logra llegar a tu corazón, ya no hay mucho que puedas hacer. Por eso ruego que sea un caballero.

—¿Lo dices por papá?

—Lo digo por todos los hombres. Aunque tu padre era muy especial.

—Cuando las mujeres decimos «muy especial» es porque hay cosas que no nos gustan.

—Hija, nadie es perfecto; ser hombre es... buscar dentro de su corazón el sentimiento que lo hace un caballero. Cuando encuentres al tuyo, te hará sentir sublime, amada. Todo lo demás, no tiene importancia.

—¡Y pensar que yo me prometí a mí misma que jamás me iba a volver a enamorar!

—Jaja, ¡no puedes prometerte eso! No es algo que puedes manejar o razonar, hija. Ojalá fuese una decisión que se toma con la mente. El corazón es el que decide. Si eres difícil para enamorarte, la vida me ha enseñado lo que es la perseverancia de un buen hombre. «Si una gota de agua que insiste logra penetrar una roca, de forma inevitable se cuela por la más insignificante grieta y aunque la roca no quiera, logrará...

—... ¡bañar su corazón!» Conozco la frase. Eso solía decirlo papá.

—Él sí fue un hombre perseverante, de esos que sin apuro van adueñándose de a poquito de tus sentimientos, como un intruso, de esos que un día te dicen: «¿Señorita, sería tan amable de dejarme poner mi bolso en este rinconcito de su corazón?», y tú muy ingenua le respondes: «Claro, no puedo negarle eso a nadie», pero luego de unos meses, se termina adueñando de todo y tú te preguntas: «¿Cómo lo logró?».

Un hombre apurado no logrará mucho, pero si realmente se toma su tiempo... logrará tenerte. No quedan muchos hombres así, son especies en extinción.

—¿Papá era así?

—Tu papá era un niño.

—¿Por?

—Porque la mayoría de los hombres siguen siendo niños. Sienten temores, tiemblan cuando nadie los ve, les gusta ser el centro de atención de la mujer que robó su corazón. Y así como son niños, te bajan la luna si desean conquistarte, bajan estrellas, no anotan fechas, olvidan aniversarios, son distraídos, pero con una mirada al alma te llevan hasta el cielo.

—¿Y si luego me rompe el corazón? ¿Y si algún día me defrauda?

—Es un riesgo que las mujeres debemos correr. Si lo que te pasa es que tienes miedo, solo puedo decirte que si no pruebas no lo sabrás nunca. Tu padre solía decir: «¿Cómo vas a extrañar mis besos si no sabes cuál es el sabor de mi boca? ¿Cómo vas a extrañar mis abrazos si no sabes cómo aprieto? ¿Cómo vas a extrañar olerme si no sabes cuál es mi aroma? ¿Cómo vas a buscar refugiarte en mis brazos cuando el despertador suene si no estoy contigo en la mañana? ¿Cómo vas a extrañar mi saludo y mi regreso si ni siquiera me he despedido de ti?».

—Todo un poeta papá... ¿estuviste perdidamente enamorada de él?

—¿Acaso las mujeres sabemos amar de otra forma? A diferencia de algunos hombres, las mujeres no nos «enamoramos un poquito» ni tampoco «amamos a medias». Eso es justamente lo que pone en constante peligro a nuestro corazón. ¡Claro que lo amé perdidamente! Por eso, si realmente amas a este hombre, no dejes de hacérselo notar; estoy segura de que él lo está necesitando.

—¿Él lo está necesitando? ¿Ni siquiera sabes quién es y resulta que ahora estás de su lado? ¡Yo soy tu hija! ¿Lo recuerdas?

—Es que si ese hombre, sea quien sea, logró llegar a tu corazón, es alguien que merece tenerlo y punto.

—¿Y «punto»? ¿Así resuelves las cosas? ¿Te vengo a contar que me siento confundida y tú solo me dices que a él le hace falta mi amor? ¿Y lo que yo siento no importa?

—Lo que tú sientes ya no tiene vuelta atrás. Es que conozco esa mirada y conozco a mi propia hija. No estás confundida, estás enamorada hasta el alma y no hay mucho más que hacer, solo decírselo. Sea que te rompa el corazón o te lo cuide por el resto de tu vida... ya no es tuyo.

—En realidad entre nosotros nunca pasó nada, pero siempre hubo algo. Hay algo que ambos sentimos, que está allí, en el aire. Cuando yo le hablo, él me hace sentir que en ese momento no hay nada más importante en todo el universo que aquello que le estoy diciendo. Está pendiente del más mínimo detalle.

—Me sigues hablando así de él ¡y me termino enamorando yo!

—¡Mamá!

—A propósito, ¿qué día es hoy?

—Viernes ¿por?

—Los viernes siempre son muy buenos para decir «te amo».

No te pases buena parte de tus años
tomando y dejando a personas.
No permitas que nadie haga eso contigo.
No eres el trofeo de ningún cazador,
ni de ninguna cazadora, que también las hay.
No digas que sí a la fuerza de la masa,
por el mero hecho de que todos lo hacen así.

30

A mis amigos que aman

Te enamoras cuando conoces a alguien por quien te sientes atraído y dejas caer frente a él o ella las barreras que te separan de los demás. Este sentimiento te produce gran placer, hasta la química de tu cuerpo cambia.

Siempre suelo aconsejar que «el mejor estado de un ser humano es cuando está enamorado»; te embellece, te estiliza, te ilumina el rostro y te hace lucir más joven. Así que, me permito regalarte un par de consejos que estoy seguro te harán muy bien.

A mis amigos que son solteros:

El amor es como una mariposa, mientras más lo persigues, más te evade. Pero si lo dejas volar, regresará a ti cuando menos lo esperes. El amor puede hacerte feliz, pero muchas veces duele; el amor solo es especial cuando se lo entregas a alguien que realmente se lo merece.

A mis amigos que están de novios:
El amor no es convertirse en la «persona perfecta» para alguien. Es encontrar a alguien que te ayude a ser la mejor persona que puedas ser. Alguien que descubra la mejor versión de ti.

A mis amigos que solo quieren vivir un «buen momento» sin comprometerse demasiado:
Nunca digas «te quiero» si no te importa. Nunca hables de sentimientos si en verdad no los sientes. Nunca toques una vida si pretendes romper un corazón.

A mis amigos que tienen el corazón destrozado:
Los corazones rotos duran tanto como uno desea y cortan tan profundamente como los dejas continuar. Recuerda que tu corazón no le pertenece a quien te lo daña, sino a quien te lo repara.

A mis amigos que son posesivos:
Te parte el corazón ver a quien amas ser feliz con otra persona, pero es más doloroso saber que quien amas es infeliz estando contigo. Para que tú puedas amar a otra persona, primero necesitas ser independiente emocionalmente, debes amar porque quieres y deseas, no porque lo necesites.

A mis amigos que tienen miedo de confesar lo que sienten:
El amor duele cuando terminas con alguien. Duele
mucho más cuando alguien rompe contigo. Pero el
amor duele más cuando la persona que has amado
no tiene idea de cómo te sientes. Díselo de una
buena vez ¿Qué podrías perder? ¿Tu orgullo?

A mis amigos que todavía están aguantando en un
noviazgo que no funciona:
Una cosa triste de la vida es cuando conoces a
alguien y te enamoras, solo para encontrar al final
que nunca funcionó y que has perdido años de tu
vida en alguien que no valía la pena. Si él o ella
no vale la pena ahora, te doy mi palabra de que
tampoco valdrá la pena en un año o en diez años.
Déjalo ir. ¡Ya mismo!

A mis amigos casados:
El verdadero amor no es ciego. Cuando amas a
alguien puedes ver sus defectos y los aceptas,
puedes ver sus fallas y quieres ayudarle a superarlas.
Al mismo tiempo esa persona ve tus propios
defectos y los entiende.
Encontraste a una persona maravillosa,
de acuerdo, pero no es perfecta ni tú tampoco.
Amar es poner en una balanza lo bueno y lo malo
de esa persona y después amarla. El amor es
una decisión consciente. Muchas veces oímos de

personas que dicen que se enamoraron de alguien
y que no pueden evitarlo. Y a veces suele suceder
que dos personas que no se estaban buscando,
de pronto de encuentran ¡y eso es sencillamente
maravilloso!

Las relaciones siempre están vivas, o se van
haciendo más superficiales o más profundas, pero
nunca permanecen estáticas.

A mis amigos enamorados de alguien y no correspondidos:
Tú no puedes amar a alguien que no te ama,
o que no se interesa en ti. El amor verdadero
es recíproco. Recibes tanto como das. Tú no
mereces ser ignorado por nadie, mucho menos
ser tratado mal; por otra parte, si te aferras a
alguien que sabes no podrás conseguir, te evitas el
trabajo de buscar a alguien que sí te corresponda en
el amor.

A mis amigos que están con alguien, pero sienten que se
les ha apagado la llama del amor:
Si amas a tu pareja ¡no la critiques! Solo escúchala
respetuosamente, estimúlala a que hable y por el
amor de Dios ¡no la interrumpas!

No la obligues a cambiar «por su bien» cuando,
en el fondo, lo que deseas es que cambie para
agradarte a ti: «No uses esa falda, no me gusta»,
«Píntate el cabello», «No me gusta que andes con

tus amigos», «Ese pantalón te ajusta demasiado», «No te rías tan fuerte».

Estas y otras frases denotan falta de respeto hacia lo que tu pareja realmente es en su esencia. Es una persona con actitudes, formas de pensar y de vestir que la distinguen de las demás. Es única, y eso la hace asombrosamente irresistible. Acéptala como es, no la obligues a no ser ella misma, ni a ser falsa, ni a mentirte cuando esté a tu lado. Y de la misma forma, debes exigirle que te respete como eres.

○

Recuerda que las relaciones perfectas solo existen en las telenovelas y en los cuentos de Disney.

Recuerda: si es amor, entonces hace bien.
El amor del que ama produce
en el que es amado el milagro del progreso,
la restauración y el necesario engrandecimiento.
Tienes a alguien que dice amarte,
y se ríe porque no abres tu boca,
de tu dificultad con el estudio
o de tu vergüenza por esa parte de tu cuerpo.
Es simple: el tal no te ama,
simplemente huye pronto de él.
El amor del que ama calla,
trabaja en silencio de tal manera
y con tal cuidado, que sus efectos resulten
en una benéfica y medible superación.

31

Mis pantalones mojados

Supongo que hay eventos de la niñez que nos marcan para el resto de nuestra vida. Este es uno de ellos.

Por alguna razón mis padres no me enviaron al jardín de infantes (kínder), así que mi debut en el colegio fue a los cinco años, directamente y sin escalas al primer grado.

Recuerdo ir sollozando de la mano de mi hermano, mi primera vez fuera de casa, lejos de mamá, con gente desconocida y una señora que se empecinaba en que la llamara «señorita». Todos los demás niños parecían conocer las reglas del juego, todos habían estado un año antes en ese mismo colegio, excepto yo, en mi primer día, con solo cinco años.

Es un frío mediodía de marzo de 1973, mi madre está muriendo de cáncer en casa, mi padre está siempre ausente, o ebrio, que es casi lo mismo; mi hermano de solo once años me está llevando al colegio, mi primer fatídico día. Cuatro horas en un aula con una veintena de niños desconocidos.

No se me ocurre que puedo ir al baño durante los recreos, y tampoco nadie me enseñó jamás que debo pedir permiso para ir. Así que, muerto de vergüenza, me orino en mi sillita. Mis pantalones chorrean, mis zapatos marrones acordonados están empapados y mi cara está tapada torpemente con mis pequeños brazos. Me quedo sentado allí, lo más que puedo aguantar. Por fortuna, la maestra no se da cuenta del incidente, solo dice en voz alta desde la puerta: «¡Vamos pequeño! Tenemos que salir al patio para regresar a casa».

Ya son las cinco de la tarde, salgo afuera en medio de risitas burlonas, mi hermano me espera en la puerta con sus amigos de once años. Lo que viene luego es lo que más recuerdo. Vivimos a cuatro cuadras del colegio, y mi hermano, avergonzado por mis pantalones empapados, me hace caminar unos pocos pasos delante de él y sus amigos.

Detrás de mí, solo escucho las risas de los crueles niños que me observan y hacen todo tipo de bromas. Camino mirando el suelo, sin darme vuelta, estoy llorando en silencio, avergonzado.

Todavía no estoy consciente de que en los próximos cinco o seis años tendré serios problemas para hablar, como una suerte de dislexia mezclada con serios problemas de dicción; quizá nací con ese problema, pero me doy cuenta de que todo empeorará a partir de este día. Solo sé que estoy muy avergonzado, y ya no quiero estar nunca más con gente, ni en público, ni que me vean, y mucho menos hablar delante de alguien más. Me dirán introvertido, tímido, antisocial, y alguna maestra arriesgará que sufro de un leve autismo, recomendando terapia. Mis próximos años no serán mucho mejores que este día.

Por supuesto que regreso al colegio al día siguiente; mi madre seguirá peleando contra el cáncer; en dos años más conoceremos a Jesucristo y la vida de la familia Gebel cambiará radicalmente. Pero cuando veo a aquel niño de cinco años con sus pantalones orinados, me cuesta pensar que se transformará en un adulto que le hablará a miles de personas en distintas partes del mundo.

Ahora que lo pienso, supongo que alguien pensaba en silenciarme para siempre por aquellos días. En vez de eso, permanecí muy callado gran parte de mi niñez, me dediqué a dibujar mucho, a leer cientos de libros, y un buen día, una zarza se encendió en mi solitario desierto y me envió a libertar de la esclavitud a miles de jóvenes.

Nunca te rías del niño con los pantalones orinados que camina avergonzado mirando el suelo, podría ser un hombre que te inspire en muy pocos años.

Llegado el momento, tomen la decisión de contraer matrimonio como debe ser. Lo habitual para estos días es meterse a vivir juntos con el argumento de que «un papel no es importante para estar con ella». Un par de años, se cansaron y se separaron.

Si ese es tu pensamiento y acción en la vida, pues entonces cuando compres un auto o tu misma casa, no pidas ni exijas papeles de ningún tipo. No pidas papeles que describan tu condición en la tenencia de esas cosas. Total, un papel para ti no es importante. Con toda seguridad que dirás que tal cosa no es posible y que los papeles hay que tenerlos. Eso es a todas luces correcto. Ahora, si es correcto y necesario para obtener cosas y demostrar que legalmente soy su dueño, ¡cuánto más necesario será para relacionar personas! A menos que la persona que está contigo sea simplemente eso, una cosa.

Y... ¿qué quieren los hombres?

En realidad creo que no somos complicados, solo que algunos lotes (creo que las dos o tres últimas generaciones) vienen con serias fallas de fábrica en el chip de la hombría, especialmente notorias a la hora de encarar a quienes dicen amar; pero si logramos ajustar ese pequeño detalle, todo lo demás es bastante básico y funcional. Desde mi humilde lugar, cada semana trato de darte una pequeña ayuda «indirecta» para que él se anime a decirte lo que siente y terminemos con este asunto del «no me animo» de una buena vez.

Siempre me preguntan si está mal visto que una mujer tome la iniciativa y le exprese sus sentimientos al hombre. Yo sé que lo ideal sería que todo fuese como el cuento del príncipe y la dama, donde él un día se te pone de rodillas y te pide que seas su esposa, y perdóname que te decepcione, pero dudo que eso vaya a pasarte. Y no porque no te lo merezcas, sino porque en la vida real hay más sapos que príncipes.

Por eso mantengo la opinión de que hay ocasiones en que tienes que mirarlo a los ojos y decirle: «Bueno, no perdamos más el tiempo; ¿sientes algo por mí o no?», y si empieza a evadirte o te cambia de tema, es que no te merece y no vale la pena pasarte el resto de la vida al lado de un tipo que no sabe lo que quiere o lo que siente.

También es probable que te sorprenda diciéndote que se muere de amor por ti o directamente te da un beso como toda respuesta. Yo no veo mal en lo absoluto el hecho de que tú te le declares; ni es pecado, ni te quita feminidad. Obviamente siempre trato de alentar a los varones a dar el primer paso, pero tengo que confesar que a juzgar por los especímenes que veo últimamente, hay muchos varones dando vuelta, pero lamentablemente lo que no abundan son los hombres.

La mayoría, especialmente los cristianos, piensan que si le dejan el trabajo a Dios, Él mismo se encargará de enamorarte y un día el Espíritu Santo te va a envolver, te va a hacer levitar hasta caer en sus brazos. No los culpes por pensar así, así les programaron el cerebro desde las iglesias en los últimos veinte años, a que «esperen la voluntad de Dios», que «ya Dios te dará a tu idónea, no te apresures», y algunos de estos muchachos, que prefieren arriesgar lo menos posible, están esperando que les pase eso que les prometió su apóstol de cabecera el domingo pasado.

Si a eso le sumas que la mayoría de estos tipos (y hablo de algunos que promedian los treinta añitos o más) viven en la casa de los papis, y mamá los espera con la sopita caliente todos los días, en resumen, estamos ante un ejemplar que más vale perderlo que encontrarlo. (Me van a odiar por esto, lo sé).

Aun así, no quiero subestimar tus sentimientos, y es por eso que te aliento a que le digas todo lo que sientes, por carta, chat, mensaje de texto o mirándolo directamente a la cara.

♥

Ahora, ¿qué enamora a un hombre? Lo mismo que a todos, él necesita ser admirado (si lo admiras de verdad, te terminas enamorando), eso es vital, casi como el oxígeno para cualquier macho promedio; feminidad en todo momento, buen humor y optimismo; que lo dejes sentirse el protector, pero al mismo tiempo sepas cuándo mimarlo; que sepas cuándo dejarlo solo con sus pensamientos; que demuestres admiración y confianza; que sepas escucharlo con atención sin interrumpirlo a cada instante, «inteligencia sin ostentación y cultura sin pedantería», es la clave.

Si tienes algo que decir, aprende a decirlo de forma clara y directa. A los varones no nos gustan las indirectas. No hay nada más infalible que un: «Te amo con toda mi alma», punto. Ya de por sí, los hombres carecen de ese sexto sentido que a ti te sobra, así que, si vas a esperar a que se dé cuenta de lo que sientes porque se lo hiciste notar de forma indirecta, tranquilamente puedes ir dándole la dirección del geriátrico en donde te vas a hospedar, para que él te visite cuando le caiga la moneda de lo que le quisiste decir.

Algunas mujeres son dulces por naturaleza. Pero muchas otras, hoy en día, han confundido el ser fuertes con volverse duras. Y la dureza no atrae a los hombres porque saben (por experiencia) que no es más que un caparazón que oculta la vulnerabilidad. Una mujer sensible que se permite llorar o emocionarse, derrite a cualquier hombre. Si eres dulce, sensible y lo haces reír, es todo tuyo.

Sé auténtica, cuando te relaciones con él, olvídate de las normas o «lo que corresponde decir». Sé tú misma, espontánea, imprevisible; eso siempre resulta irresistible.

Bella... y normal. ¿Cuántas mujeres viven acomplejadas porque se sienten defectuosas cuando se comparan con las modelos y actrices de cuerpos perfectos? Creen que a los hombres solo les importa el físico. Y la verdad es que sí les importa a primera vista, pero cuando se trata de una relación seria, no buscan muñecas inflables, lo que menos les termina importando es el cuerpo.

Un hombre se va a enamorar de ti, si cuando están juntos siente que puede ser él mismo, si se siente seguro al expresar sus sentimientos más íntimos. Pronto se va a dar cuenta de que te extraña, comienza a notar que tu presencia le es cada vez más indispensable. Cuando un hombre se siente cómodo y seguro a tu lado, comienza a extrañarte más, y su amor por ti crece día a día. Y lo más extraño es que ni siquiera sabe por qué se siente así. Lo que sí sabe es que hay algo especial en ti, algo que provoca emociones que no siente con ninguna otra mujer. Él quiere estar en tus brazos siempre y que no lo sueltes nunca.

A esta altura quizá estés pensando que no estás segura de si él siente por ti lo mismo que tú sientes por él. Para eso, hay algo que nunca falla y es un método infalible. Sé que como buena mujer ocultas sentimientos muy profundos en el fondo del corazón, pero los ojos siempre son las ventanitas o las mirillas por las cuales alguien que te ama bien, siempre podrá espiar. La mirada profunda es una forma de intimidad (no todos saben utilizarla), y cuando alguien te mira directamente a los ojos, desnuda tu alma y todo lo que hay en tu corazón.

Así que, si tienes dudas, solo te resta esperar a verlo y mirarlo directamente a los ojos. Si sostiene la mirada, vas a saber exactamente lo que siente. Y después que lo compruebes, ya no te va a importar quién será el que tenga que dar el primer paso.

Luego de una mirada así, estás a un paso de un sincero y espontáneo: «Te amo profundamente, con todo mi corazón», diga quien lo diga primero.

Por muchas razones se casan los seres humanos.
Porque uno cobró una herencia.
Porque uno necesita salir de una familia disfuncional.
Porque ella quedó embarazada... y tantas otras
razones más. Ninguna de estas es la correcta.
Por una sola razón se casan un hombre y una mujer:
por amor. Existe el amor de amigos. También existe
el amor erótico. Ambos son buenos, tienen su razón
de existir, pero no son suficientes para entrar en
el matrimonio. Hay amor de sacrificio.
El famoso amor «ágape». Amor que ama «a pesar de».
Que ama sin pedir nada a cambio. Amor que procura
y se esfuerza en agradar al otro. Amor que espera,
incondicional. Amor que cree. Amor del sacrificio
incondicional. Solo por este amor deben casarse
un hombre y una mujer, para tener garantías
de estar juntos para siempre.

33

Ese día en el que dejaron
de ser amigos

—¿Puedo hablarte un minuto?

—Claro, después de todo eres mi amiga.

—Es bien raro encontrar a un hombre que sepa escuchar.

—Te dije que soy la excepción a la regla.

—No sé si ya te habías dado cuenta... pero estoy enamorada.

—¿Qué tan segura estás?

—Si la importancia de una persona se mide por las veces que he recordado sus palabras en mi mente, lo que me pasa ya no tiene remedio.

—Si quieres un consejo de un amigo que te quiere bien: no dejes que te rompan el corazón otra vez; no te lo mereces.

—Ese no es el problema; el corazón no es de quien lo rompe, sino de quien lo repara. No sé que vi en él, solo sé que no lo vi en nadie más. Tantas personas en el mundo y vivo esperando un mensaje de él, aunque tan solo sea para que me diga: «Hola».

—Es increíble que una persona que acaba de entrar en tu vida pueda demostrarte más sentimientos que otras personas que han estado ahí siempre...

—El otro día viví ese momento incómodo cuando pierdes el orgullo, mandas el mensaje, no te responde y después te arrepientes de haberlo enviado.

—Jaja, quizá estaba muy ocupado... eso suele pasarnos a casi todos los hombres.

—El otro día me dice: «Te dejo porque me quedo sin batería»... y él no sabe las veces que le he contestado ¡parada al lado del enchufe! Pero en fin, tampoco puedo decir que no me contesta. Se tarda un poco, pero sé que a su manera, me contesta.

—Mi madre solía decir que cuando una persona se ríe mucho, aun de las cosas absurdas, muy en lo profundo está muy triste. Cuando una persona duerme demasiado, es porque se siente sola. Cuando una persona nunca llora, es porque es débil por dentro. Cuando una persona llora incluso por cosas pequeñas, es porque es de corazón noble. Y cuando alguien te pregunta: «¿Cómo estás» a pesar de estar muy ocupado, es porque realmente le interesas.

—Es que tampoco busco un príncipe, solo quiero un hombre que me trate como princesa. ¿Será mucho pedir?

Dicen que merezco lo mejor, pero si lo mejor no es él, no lo quiero. No me mires así... ¿Te parezco complicada como toda mujer, no?

—No es eso. Yo pienso que como toda mujer, fuiste hecha para ser amada, no para ser comprendida.

—¡En el fondo no somos complicadas! Entender a una mujer es sencillo: «Cinco minutos» es una hora, «vete» es un abrázame y «haz lo que quieras» es un desafío, no un permiso.

—Jaja, me gustó eso de «cinco minutos» es una hora. ¡Es cierto!

—Es que nosotras nos bañamos, nos cambiamos, nos cambiamos, nos cambiamos, nos cambiamos, nos cambiamos, nos ponemos perfume y luego salimos. Hablando en serio, yo solo necesito un abrazo, que me digan que todo estará bien, una mirada de «no te preocupes», y un beso de «nunca me iré de tu lado». No me gusta que intenten cambiarme.

—En eso estoy de acuerdo. Cuando un hombre ama de verdad a una mujer, lo único que quiere cambiarle es su apellido.

—¡Qué lindo! De eso hablo, yo necesito a un hombre así. Tengo amigas que están al lado de alguien, solo porque no encontraron a nadie mejor. Esa enorme diferencia entre quedarte con él porque no tienes planes, y no tener planes porque ¡quieres quedarte con él!

—Bueno, tampoco te pongas tan dependiente de él... apenas lo conoces

—No te pongas celoso. Ninguna mujer depende de un hombre, ¡ustedes dependen de nosotras hasta para nacer! Lo que pasa es que cuando me enamoro me siento vulnerable. Abro mi pecho y mi corazón y eso significa que entra alguien para cambiarlo todo. Me pasé una vida entera construyendo esas defensas, una armadura completa, para que nada pueda herirme, y entonces entra alguien y le doy una parte de mí. Él no me lo pidió explícitamente, solo me sonrió y entonces mi vida ya no fue mía. El amor siempre toma rehenes, mi amigo. Se mete dentro de una. No importa qué tan fuerte me sienta, cuando amo, me siento una niña indefensa. Definitivamente el cerebro de una mujer funciona desde que nace... hasta que se enamora de verdad.

—No es que me ponga celoso. Solo que nadie merece tus lágrimas, y quien las merece, no te haría llorar.

—Pero si no estoy llorando, ¡tonto! Solo estoy un poco más sensible que de costumbre. La vida debería tener música de fondo y todos los días deberían ser viernes.

—¡Pero tú sabes que esa no es la vida real!

—Claro que lo sé. Me di cuenta de que estaba perdidamente enamorada cuando comencé a contar las horas y los días que faltaban para volver a verlo. Me di cuenta de que todo se me había escapado de las manos cuando no pude volver a pensar en otra cosa que no fuera él. Me di cuenta de que no había vuelta atrás cuando mi corazón comenzaba a acelerarse cada vez que lo veía, cuando no podía despedirme sin antes darle un abrazo, un último abrazo, que me durara por un par de días.

—Y bueno... búscale el costado bueno: lo fácil aburre, lo complicado seduce y lo difícil enamora.

—No sabes lo difícil que es quedarme callada después de escuchar algo que dijo que me lastimó, o notar que a veces le soy indiferente, y tener que repetirme mil veces en la mente «disimula, disimula» y sonreír débilmente para que nadie note que me dolió.

—Mi madre también solía decir que las mujeres son como las manzanas, siempre las mejores están en la cima del árbol. La mayoría de los hombres quiere ahorrarse el trabajo de subir, y siempre suele ser por miedo a caerse. Ellos siempre van por las manzanas podridas, las que están más abajo y son fáciles. El problema es que las manzanas que están en la cima terminan pensando que hay algo malo con ellas, cuando en realidad son increíbles. Ellas solo tienen que esperar un poco más, hasta que aparezca el hombre correcto lo suficientemente valiente para que se anime a subir hasta la cima.

—¡Qué lindo! ¡Era muy sabia tu madre! Los mejores momentos de la vida son aquellos que no puedes contárselos a nadie. Por eso pienso que sería lindo traer de regreso a alguien del cielo y pasar un día con esa persona, solamente una vez, una última vez, para contarle todo lo que me pasa; pero es imposible, aunque a veces me haga tanta falta...

—¡Quién pudiera! Tal vez sería mejor si hablaras de tus sentimientos con esa persona y no conmigo. No hay nada más feo en esta vida, que darle consejos a una mujer que amas, para que sea feliz con otro...

—¿Por qué lo dices? No sabía que te molestara que te contara lo que siento.

—Mira, posiblemente esto te sorprenda, pero lo voy a decir de una vez; solo que no me interrumpas hasta que haya terminado. Sé que nunca te enamoré como ese hombre que me mencionas, que nunca te moví el piso ni te emocionaste por mí y que solo me ves como a un amigo. Sé que estando lejos no te acuerdas de mí, ni me extrañas. Perdí totalmente la cabeza por ti, te lloré, te amé, te esperé, te extrañé, te volví a llorar, me volvías a hacer mal, y yo seguía en lo mismo. No es fácil olvidar así de la nada cuando amas. Tampoco es fácil fijarse en otra persona cuando tienes a alguien en la cabeza. Tú nunca entendiste lo que sentí por ti, nunca fuiste capaz de ver que te amaba de verdad, que siempre pensaba en ti, y que nunca estuve tan pendiente de alguien, de cómo me preocupaba cuando estabas mal. Pero sé bien una cosa: puedes estar con quien se te cruce, o como se llame el imbécil que te tiene enamorada en este momento, pero si hay algo que doy por seguro, es que jamás nadie te va amar, ni llorar de la manera en que lo hice yo. Jamás. Puf... ¡no puedo creer que finalmente te lo haya dicho!

—¡Qué tonto! No sé si lo que me enamoró de ti es lo asombroso que pareces o lo ingenuo que realmente eres.

—¿Me estás diciendo que estás enamorada de...?

—... ¡De ti, pánfilo! ¿En serio que no te diste cuenta de que siempre hablaba de ti? Pensé que mientras te contaba lo que sentía, ibas a interrumpirme con un beso.

—La verdad que yo no; me dejaste sin palabras, yo no pensé que...

—Shhhh, ya hablaste demasiado. Ahora nuestros labios tienen una conversación pendiente...

Que siga vigente en ustedes el dicho
popular que dice: «Casado casa quiere».
A menos que sea imposible de evitar,
no vivan una vez casados en casa con sus padres.
No es que no se pueda, simplemente no es recomendable
cuando en un proyecto familiar consolidado y de años,
se instale uno que recién ha comenzado a ser construido.
Una multitud de detalles son experimentados por
la nueva pareja, y ya no es extraño para nadie que
necesitan de una altísima cuota de privacidad.
No es necesario comenzar con una gran mansión.

34

Los besos que nunca di

Es una pena que los hombres muchas veces no se den cuenta de que un beso para ellas puede ser el inicio o el fin de una relación. Un romántico termómetro. Muchas dicen: «Solo espero que no bese mal», y creen que el futuro esposo puede desvanecerse ante un beso mal dado.

A ellas les encanta besar, es como recordar que el amor está vivo. Para muchos es un acto más en el infinito juego del amor. Besan como locos cuando la conocen, no importa si tienen veinte, cuarenta o sesenta años. El inicio de toda relación viene acompañado de besos cinematográficos. Pero con el pasar del tiempo y una vez conquistada la «presa», parece que los besos no son tan importantes, «No es necesario demostrar tanto amor» dicen. «No exageres», «En público ni pensarlo, eso era cuando éramos novios...».

Y los besos de cine se transforman en besos y con el tiempo en «piquitos de cariño».

Ella suele dormirse con el recuerdo de los besos de cuando eran novios, aquellos que le hacían arder los labios, y se reía con el corazón, como solamente los que aman saben hacerlo. El tiempo pasa y los besos también. Se vuelven anticuados y lo raro es que no dicen que es cosa de viejos, sino todo lo contrario: «No seas loca, eso es cosa de jóvenes, ¡ya no somos adolescentes!».

Por increíble que parezca se olvidan de besar y no se dan cuenta de que también olvidan decir «te amo», «te quiero», «te necesito», el complemento ideal de todo buen beso.

¿Recuerdas cuando él te besaba y sentías que levantabas una pie del piso? Era un reflejo natural e inconsciente del momento, como cerrar los ojos o abrazar. ¿Qué beso bien dado no viene acompañado de un cálido abrazo y ojos cerrados? Aquel que te esconde debajo de tu protector, del hombre que te cuida y que en ese momento es el elegido. Pero también cuántos besos desperdiciados y estériles con personas que no valían la pena, que sabías de antemano que no terminarían en nada.

Al final de la vida, nunca te vas a arrepentir por los besos que diste y sí por los que dejaste de dar, por los que no tuviste valor de pedir o simplemente la audacia de robarlos. Nunca vas a arrepentirte por haber dicho mil veces te amo, pero sí vas a sufrir por aquella ocasión en que no lo dijiste ni siquiera una vez. Nunca diste aquel beso porque no te animaste ¿y si ella resultaba ser la mujer de tu vida?... buena pregunta para un viernes lluvioso.

Imagínate que un día suena el teléfono y ocurriera esta inverosímil conversación:

—Hola, por favor con...

—Sí. Habla ella ¿Con quién hablo?

—¿Qué tal? No te debes acordar de mí, soy..., yo estaba enamoradísimo de vos. ¿Te acuerdas?

—¡Pero eso fue hace más de veintitantos años!

—... exactamente hace veintinueve años.

—¿Y... por qué se te ocurrió llamarme?

—¿Eres feliz?

—No entiendo la pregunta...

—Solo te pregunté si eres feliz.

—No sé qué decirte... qué sé yo... ¡esto es muy extraño!

—Bien. Me gustaría besarte.

—¿Cómo?

—Sí, lo que escuchaste, me gustaría darte aquel beso que no me animé hace casi treinta años. ¿Crees que todavía sea posible?

Posiblemente ella le dice que no, o le pregunta si está loco, borracho, consume drogas, o directamente le corta el teléfono de cuajo. Pero es demasiado tarde y él no le puede explicar que hace casi treinta años que la ama y nunca la pudo olvidar. Cómo decirle que aquel beso que nunca le dio, le hizo falta durante toda su vida. «Ese beso que nunca di, es el que más extraño», piensa él mientras cuelga el teléfono, aunque ni siquiera sepa a qué saben los labios de quien ha amado en silencio por décadas.

Sé que la historia parece sacada de una película, pero de solo pensarlo sentimos pena por el hombre que nunca se animó. Posiblemente es demasiado tarde y a menos que ella esté tan loca como él, las posibilidades de retomar aquel beso inconcluso es una en un millón.

Por eso es que insisto tanto, a pesar de que algunos me critiquen sin piedad: juégate; pelea por lo que amas; háblale; dile que la amas, que te mueres por ella; envíale cartas, e-mails, mensajes de texto; dedícale canciones románticas y ponte de rodillas para pedirle que sea la mamá de tus futuros hijos.

Dios te hizo hombre y naciste equipado con el valor suficiente para expresar lo que hay en tu corazón. Eres varón de nacimiento, pero caballero por opción. Si con todo eso no logras conquistar su corazón, no te sientas deprimido ni subestimado; pero ten por seguro que eres un HOMBRE de los que ya no abundan, vas a hacer muy feliz a una mujer que realmente te merezca, y por si todo eso fuese poco, Dios te tendrá muy en cuenta, porque ni siquiera el cielo puede darse el lujo de desperdiciar ese tipo de hombres que están dispuestos a todo, sin temor al ridículo y sin miedo al «qué dirán».

Y a propósito de la historia que les conté... me gusta pensar que tal vez ella esté tan loca de amor como él, y en algún momento retomen aquel capítulo inconcluso. Tal vez nunca es demasiado tarde para escribir un gran final cinematográfico.[1]

Muchos, por tener la razón, pierden la relación.
El gran desafío del nuevo matrimonio será aprender
a acordar. De hecho, todos ya sabemos, pareciera
que por genética, estar en desacuerdo. Sabemos estar
en desacuerdo. Esto es lo que menos nos cuesta.
La Biblia expresa y dice: «¿Andarán dos juntos,
si no estuvieren de acuerdo?» (Amós 3.3, RVR1960).
La respuesta, aunque tacita, es concreta: ¡no!
Los matrimonios exitosos lo son, entre otras cosas,
porque ambos aprendieron a acordar. Se ejercitaron
en el arte y la ciencia de ponerse de acuerdo.
Tu pareja durará tanto como quieras con ella acordar.
Alguien dijo:
«Cuando uno no quiere, dos no pueden».

35

Carta abierta a un amigo

Algún viernes te dije que a las mujeres se las conquista por el oído y con los pequeños detalles.

Recuerda que quien trata a una mujer como una princesa, demuestra que fue criado por una reina. Tienes que hacer tu trabajo de hombre y saber interpretar las señales que ella te está dejando notar. Si te dice «cuídate» es porque vales muchísimo para ella. Si te mira fijamente es que está intentando recordar bien tu cara para sus sueños. Sé que a veces es un poco extraño saber que una persona a la que ves tan poco, te puede conocer mucho más que los que están todo el día a tu lado, pero no deja de ser una muy buena señal, si ella se da cuenta de cómo estás anímicamente sin siquiera hablarte, es porque tiene una conexión única contigo en su corazón. Es como si te dijera: «¿Te quedó claro que te amo? ¿O te tengo que tirar mil indirectas más?». A lo mejor llevas días sin hablarle o escribirle, pero nada cambia que eres tú a quien ella necesita y ama.

No hay un solo día en que ella no se pregunte: «¿No es raro cómo una persona que hasta hace poco era un extraño para mí, ahora se haya convertido en mi mundo?»; tal vez ella no esté muy segura qué fue lo que vio en ti, pero está convencida de que no lo vio en nadie más.

Posiblemente en ocasiones ella intente ignorarte, pero no lo hace porque no siente nada por ti, sino porque le molesta no estar al control de la situación (como le suele gustar a cualquier mujer inteligente), ella aún no aprendió que la persona perfecta no es aquella que llega a su vida y deja todo en paz. Al contrario, es quien llega para hacerle cuestionar cosas, cambiar su mundo, marcar un antes y un después en su historia, y revolucionar su vida como hasta ahora la conocía.

Ella apenas se está dando cuenta de todo lo que le estás causando en su vida, especialmente cada vez que se viste y se mira al espejo, preguntándose cómo la verás tú. Te aseguro que cuando una mujer se viste, se maquilla y se arregla pensando en alguien... es porque está enamorada, aunque no quiera aceptarlo. Y aunque no lo creas, cada vez que la besas en la mejilla, ella se muere de ganas porque la besaras en la boca.

Así que, mi viejo amigo, ¿de quién es la culpa? ¿Tuya por amarla o de ella por enamorarte? No lo sé... pero estoy seguro de que no debe haber un solo día en que no te preguntas: «¿Por qué ella no llegó antes a mi vida?». Y puedo darte mi palabra de honor de que ella también está asustada de perderte, aunque sabe que todavía nunca te ha tenido.

Yo sé que ella te ama y cuando escucha tu nombre, sus ojos brillan, sus pupilas se dilatan y su corazón se acelera. Te voy a decir algo, tómalo como un secreto, pero creo que es muy importante que tú lo sepas: te extraña y casi no lo puede disimular. Créeme que sé lo que te digo.

Cuando escucha tu nombre te añora, cuando teme encontrarte se inquieta, guarda tu foto y la ve cuando quiere, recuerda tu teléfono y le duele no poder llamarte o escribirte cada vez que tiene ganas.

Créeme, le ha sido muy difícil vivir sin ti, todo el tiempo. A veces, en medio de una frase corrida, cierra sus ojos y no puede continuar. En esos momentos tú has llegado a su mente, y a ella le duele recordarte, sin poder tenerte cerca, aunque sea para charlar un poco. A veces llora y dice que se siente mal, pero yo conozco mejor que nadie esas lágrimas y sé que tú eres quien las provoca. Otras veces cuando duerme, pide a Dios que te cuide, aunque en realidad preferiría hacerlo ella misma. Te es fiel porque tú no sales de su mente. No, nunca me lo ha dicho, nunca hemos hablado de ti, y no hace falta, la comprendo porque el silencio irrumpe su alegría y porque la presencia de cualquier otro hombre le es indiferente, ella daría todo por abrazarte y no soltarte nunca.

¿Te sorprende saber todo esto? Es que como todo hombre... nunca te das cuenta de nada, no reconocerías a un perro aunque te ladrara toda la noche, y no lo digo porque soy tu amigo, sino porque también soy hombre.

Si no le dices pronto lo que sientes, tarde o temprano alguien más la enamorará; recuerda que las mujeres se enamoran del que las hace reír, pero por lo general se terminan casando con el que las hace sufrir. Y la culpa la tienen los hombres como tú, que no saben interpretar las señales de alguien que pide a gritos silenciosos que la amen bien.

Así que, mi querido amigo, acepta este consejo de un hombre con alma de niño, o más bien de uno de los últimos románticos que quedan de aquella vieja época en donde trabajábamos duro para enamorar a una mujer: no hables demasiado. Una mujer puede que olvide tus palabras, pero jamás olvidará cómo la hiciste sentir. Mírala directo al alma. Escúchala como si nada más importara en el universo. Recuerda cada detalle de lo que te diga. Ella no siempre querrá que le resuelvas sus problemas, solo necesita un caballero que la escuche el tiempo que sea necesario.

Ella ni siquiera te ha besado y te aseguro que muchas veces se imaginó toda una vida contigo. Aduéñate de su corazón y sigue entrando en su alma sin pedir permiso, y uno de estos días, sin pensarlo demasiado, dale un buen beso. En el caso que ella te mire sorprendida, no se te ocurra pedirle perdón, ten en cuenta que tu seguridad es una de las cualidades que a ella la subyugan; solo mírala a los ojos y dile: «Lo mío fue un acto de justicia, te robé un beso porque tú hace meses que me robaste el sueño». Posiblemente sea lo último que le digas, antes que sea ella quien te siga besando.

36

El niño de los ojos tristes

Yo fui un niño de ojos tristes, profundos y melancólicos.

No he logrado encontrar una sola foto mía de pequeño, riendo o siquiera sonriendo. Quizá porque mamá estaba por morir de cáncer desde que nací y papá era un alcohólico. Tal vez por mi tartamudez o mi cierto grado de autismo leve, o ambas cosas. Las maestras decían que yo era «introvertido» «depresivo» o como en aquellos tiempos se resumía: «Es un niño muy triste».

Pero un buen día, Dios decidió que me haría reír por el resto de mi vida y que Él reiría conmigo.

♥

El genial Max Lucado se pregunta, más o menos, lo siguiente: ¿se rió Dios cuando Moisés miraba la zarza que le hablaba? ¿Se rió también cuando Jonás aterrizó en la playa chorreando jugos gástricos y oliendo a aliento de ballena?

¿Se reía mientras veía a los discípulos
alimentando a miles con el almuerzo de un niño?
¿Te imaginas a Jesús con niños en las rodillas y con
el rostro de algunos religiosos que conocemos?
No lo creo, estoy seguro de que Dios ríe mucho,
mucho más de lo que piensan algunos.

♥

Te cuento qué cosas me han hecho reír a mí, desde hace
años hasta el día de hoy. Creo que pocos se han dado
cuenta de que solo soy un muchacho salido de un pequeño
y olvidado barrio de Buenos Aires. Casi nunca acepto
invitaciones a ninguna parte, siempre estoy enfocado en
lo que Dios me llamó a hacer, ya no suelo aparecer en los
congresos junto a otros oradores, no me gusta subirme a
un avión, y tienen mucha razón aquellos que opinan: «No
se conecta con casi nadie». ¡Y es cierto! Por eso, cuando
cada semana me llegan invitaciones de todas partes del
mundo, me pregunto: «¿Estarán seguros de que quieren
invitarme a mí? ¿Estarán pensando en el tipo correcto?».
Eso hace que ¡me ría de asombro!

Dios pudo elegir a alguien con mucha más preparación
teológica. O quizá a un tipo un poco menos excéntrico
que yo, que no indigne y provoque tanto a los que sí
saben o a aquellos que sienten que califican mucho más
que este hispano con un marcado acento argentino. Pero
de tanto en tanto, Dios me para ante una multitud en
algún enorme estadio y me presta sus oídos. Eso hace

que me ría, de los nervios y ¡el temor por tamaña tarea encomendada!

Algunos opinan que provoco a los religiosos y que les contesto irónicamente, haciéndolos enojar aún peor. ¡Y es cierto! Lo disfruto y no hay nada que me haga tan feliz como verlos ocupados en cada cosa minúscula que digo o hago. Sin embargo, cada día Dios me bendice más, me sorprende más, y abre puertas que jamás había ni siquiera soñado. Eso hace que me ría de los que se creen sabios y cada día sienta más empatía con aquellos que se consideran niños en los negocios del Reino.

Creo que la explicación más lógica que encuentro es que desde hace más de cuarenta años, el Padre se ha empecinado en hacer reír a ese niño que vivía con los ojos tristes. Y quién sabe, al hacerlo reír a él, quizá haga feliz a millares más...

No quieras que tu esposa sea un perfecto calco tuyo.
La grandeza del matrimonio consiste, entre otras cosas,
en que la individualidad sigue fuerte en el marco
de la comunidad. Un matrimonio sano está integrado
por individualidades sanas. No compiten entre ellas
ni una está al servicio silencioso de la otra.
Es el milagro de la mutualidad bien entendida que va
y viene de uno a otro, haciéndolos progresar.
No comulgo con ese dicho popular que dice:
«Detrás de un gran hombre, hay una gran mujer».
Ni la mujer ni el hombre necesitan de otro para ser
considerados grandes. En todos existe el potencial para
trascender. El matrimonio posibilita esa trascendencia a
partir de la promesa adulta, responsable y comprometida
de ayudarse mutuamente a llevarlo a cabo.

37

¿Cómo te va mi amor?

La gran pregunta que siempre da vueltas es: ¿y cómo sé que esa persona realmente es para mí? Y para ser honesto, nunca pude entender del todo ese tipo de pregunta.

No sé si porque soy de otro tiempo (reconozco que en estos temas soy chapado a la antigua) o simplemente porque aprendí que el amor no se razona demasiado, más bien no es un asunto racional, es un tema que compete al corazón, y aunque no lo creas, Dios nos hizo de esa manera.

Cuando vienen parejas a hablar conmigo, ya sea porque van a casarse o bien quieren iniciar una relación de noviazgo, mi única pregunta es: «¿Se aman?»; suelo mirarlo a los ojos al caballero y preguntarle: «¿La amas con toda tu alma?». Y si comienza con frases del tipo: «Es que ambos sentimos el mismo llamado para servir al Señor en el Congo Belga» o «Los dos coincidimos en que nos gusta leer la Biblia y a ambos nos agrada la música Gospel», es porque estoy ante un caso perdido.

Le recomiendo que deje a la chica vivir en paz, y que si se siente solo, se compre un lindo gran danés que le haga compañía, y en una de esas, hasta quizá le mueve la cola cada vez que le ponga un disco Gospel.

El estar enamorado hasta la médula es un sentimiento que nos ha regalado el Señor, no hay que tenerle miedo.

¿Ejemplos prácticos? La semana que no ves a esa persona, es como si todo el paisaje se volviera gris. El solo saber que entra al lugar donde estás, se te ilumina el alma, te comienza a latir fuerte el corazón y te comportas como un adolescente. El recibir un pequeño mensaje de texto de esa persona, una simple línea (y no hablar de una mirada directa a tu alma), simplemente te derrumba emocionalmente y te cambia el humor de todo el día, o lo que es mejor, de toda la semana.

Cuando amas de verdad, te interesas en la personalidad completa de esa persona. Sin duda, hay un elemento emocionante en la atracción física, pero es solo una de las muchas cosas que te atraen de la persona. Cuando amas, te van a atraer muchas o casi todas las cualidades de la otra persona. ¿Cuántas te atraen?... buena pregunta.

El amor siempre empieza lentamente. No puede ser de otra manera. Tienes que conocer a una persona antes de poder amarla verdaderamente, y eso requiere tiempo, si es que quieres conocer a alguien de verdad. Y si es amor, a medida que pasan los días, te enamoras más y más.

Si estás enamorado, la persona que amas saca a relucir tus mejores cualidades y te hace querer ser una mejor persona. Una chica que está verdaderamente enamorada posteó hace unos días en mi perfil: «Yo lo amo, no solo porque él es maravilloso, sino porque me anima a ser mejor persona, él descubrió lo mejor de mí, me ayudó a encontrarme con la mejor versión de mí misma». Una definición impecable, como para ponerle un marco y colgarla en la pared. El amor verdadero saca lo mejor de ti, nunca lo peor; de allí surge como consecuencia la admiración. Uno admira a quien logra descubrir lo más bello que hay en tu interior.

Cuando amas, incluso la ausencia hace que tu corazón se enamore más y más. El amor puede sobrevivir la prueba del tiempo y de la distancia. Y te aseguro que sobrevivirá. No te hace falta verse todos los días para asegurarte lo que sientes. Simplemente con recordar cada frase, cada gesto, cada mirada, te alcanza y sobra para entrecortarte la respiración. Ninguna otra persona, por atractiva que sea, puede llenar el vacío de tu corazón. Por otra parte, deseas protegerla, que esté bien, te pasarías el día cuidándola. Y si en ocasiones tienes la oportunidad única de darle un pequeño abrazo, quisieras que sea interminable y que no te soltara nunca.

Cuando yo era joven había una canción de moda de un grupo mexicano llamado Pandora que tenía un hit llamado: «¿Cómo te va mi amor?», que decía:

Que sorpresas da la vida,
encontrarte en plena calle,
fue una chispa en mi equilibrio,
dinamita que estalló...[1]

♥

Si ahora no valora el romanticismo, el día que te cases
con él, te va a querer llevar arrastrada de los pelos hasta el
fondo de la caverna.

En el caso de los varones, tampoco juegues a ser
Neruda, porque si es impostado, ella lo va a notar; no
hay nada peor que un tipo que quiere hacerse el poeta
y no le sale. La famosa frase: «No sé lo que significa
esta poesía, pero te la mando porque me pareció linda»,
espanta a cualquier mujer. Las mujeres son románticas
pero no descerebradas. Ellas son más prácticas de lo que
suponemos.

Yo recomiendo ser romántico pero con tus propias
palabras, como en la famosa película Cuando Harry
conoció a Sally, interpretada magistralmente por Billy
Crystal y Meg Ryan, cuando él le dice: «Me gusta que
tengas frío cuando fuera hace 21°C, me gusta que te cueste
una hora y media pedir un sándwich, adoro la arruga que
se te forma aquí cuando me miras como si estuviera loco,
me gusta oler tu perfume en mi ropa después de pasar el
día contigo y quiero que seas la última persona con la que
hable antes de dormirme por las noches».[2]

Es verdad que no tiene nada de poético, pero no hay nada que enamore más a un mujer, que el corazón desnudo de un hombre.

Y si nada de eso resulta, utiliza el método de Forrest Gump (la inolvidable interpretación de Tom Hanks): «Puede que no sea muy listo... pero sé lo que es el amor...»[3]; eso es todo lo que una mujer necesita escuchar de un hombre.

No digas: «Yo me casé contigo y no con tu familia».
Aunque a la verdad eso es cierto en lo práctico,
en lo subjetivo no es así. Toda la familia de ella
está dentro de ella. Ellos vivieron con ella muchos
años antes de que tú aparecieras. El tuyo y el de ella,
son dos mundos totalmente diferentes. Dos maneras
bien distintas de ver y vivir la vida. Que de lo mejor
de ambas culturas aparezca el fundamento para
levantar la nueva casa.

38

Las frases esenciales

Todas estas frases, que alguna vez escuché, son profundas y cada una de ellas dice más de lo que está escrito. No te recomiendo que las leas de corrido, sino que te tomes un par de minutos para pensar en cada una, y si no puedes pasar a la próxima, quédate allí hasta que el corazón diga.

♥

«Hay un momento donde dices: me está faltando algo, y en realidad no es algo... es alguien».

♥

«Desde que te conozco mi día se divide en dos partes: 16 horas pensando en ti y 8 horas soñando contigo».

♥

«La culpa es tuya, por tener exactamente todo lo que me gusta de una persona».

♥

«Lo único que me molesta de ella, es esa manía de acelerar mi ritmo cardíaco».

♥

«Tantas sonrisas en el mundo y la tuya es la única que me enamora».

♥

«Tienes un no sé qué, que me pone no sé cómo, pero me gusta no sabes cuánto».

♥

«Pude extrañarte uno, dos, o quizá tres días, pero me acostumbré a esto y aprendí a extrañarte solo los 30 primeros días de cada mes».

♥

«Créeme: no se trata de dormir contigo, sino de amanecer en tus brazos».

39

Enamórate

Enamórate de la que irrumpa en tus sueños cuando menos lo esperes, enamórate de esa que te rete y te desafíe. Conquista a esa mujer que, sin darse cuenta, ya entró en tu cabeza, se metió en tu corazón, y no puedes ni la quieres quitar de allí.

Enamórala porque te la imaginas en tu casa, contigo a tu lado, en medio de un caos en la cocina.

Enamórala con frases inesperadas, con música que te conecte a ella, con deseos y mensajes que llegan a deshora solo para recordarle que la extrañas. Enamórense.

Pero si descubres que ella es mucho para ti porque reta demasiado tu mente y es demasiado única, corre a buscar a la chica que no escribe ni lee mucho, esa que no opina de nada, que nunca discute, que a todo te dice «Sí», y tendrás a una de las tantas mujeres comunes que pululan en el universo femenino.

Y a propósito, una talentosa poeta dominicana llamada Martha Rivera Garrido, alguna vez escribió: «No te enamores de una mujer intensa, lúdica y lúcida e irreverente [...] Porque cuando te enamoras de una mujer como esa, se quede ella contigo o no, te ame ella o no, de ella, de una mujer así, jamás se regresa».[1]

40

Si tan solo pudieras, ¿cambiarías algo en tu vida?

Hace un tiempo vi la ingeniosa película El efecto mariposa[1] (The butterfly effect, en la versión original) estrenada en 2004, protagonizada por Ashton Kutcher, en la que se hace referencia a cómo pueden variar las cosas con un minúsculo cambio.

El «efecto mariposa» recibe este nombre a partir de la idea del meteorólogo Edward Loren, quien plantea que dadas unas condiciones iniciales de un determinado sistema, la más mínima variación en ellas puede provocar que el sistema evolucione en formas completamente diferentes. En el filme, el protagonista tuvo una infancia marcada por acontecimientos desagradables que quedaron apuntados en un diario personal. Enamorado de su mejor amiga, el muchacho decide viajar al pasado en su mente de adulto para arreglar sus errores y mejorar el presente de todos.

Aunque obviamente es ficción, me hizo pensar que una pequeña decisión que tomes (o que no tomes) puede generar un efecto gigante en el futuro. El nombre del filme proviene de la frase china: «El aleteo de las alas de una mariposa se puede sentir al otro lado del mundo».

¿Te has preguntado qué pudo haber pasado en tu vida si tomabas aquella decisión que no te animaste, por cobardía, timidez o temor al rechazo? Yo me lo he planteado miles de veces, en todos estos años; y eso hizo que nunca más dejara pasar una oportunidad, lleve el riesgo que lleve. La frase que más me hiela la sangre es: «Así pudo haber sido tu vida...» (complétala como quieras: «si le dabas aquel beso», «si renunciabas al empleo», «si te atrevías a creerle al Señor», «si peleabas por lo que amabas», «si decías lo que sentías», «si callabas en vez de hablar», etc. Estoy seguro de que habrías ocasionado un futuro paralelo al que hoy conoces. La vida no sería tal como hoy la concibes. Con sus defectos y virtudes, todo habría sido diferente.

Aun así, soy de los que opinan que nunca es demasiado tarde para volver a ese sitio donde nos desviamos y tomar la decisión correcta.

Soy de la idea que nunca es demasiado tarde:

41

Sigue respirando

Un fragmento de una de mis películas favoritas de Robert Zemeckis, Náufrago (Cast Away, en la versión original), protagonizada por Tom Hanks, se ha quedado grabado en mi memoria.

Es una parte del diálogo que Chuck Noland (Hanks) tuvo con su amigo luego de haber vuelto a casa, y haberse reencontrado con el amor de su vida solo para darse cuenta de que la había vuelto a perder:

Ambos consideramos los hechos: Kelly tomó una decisión, sabía que tenía que olvidarme y yo entendí que la había perdido; nunca iba a poder salir de esa isla, yo iba a morir ahí, completamente solo. Entonces pensé que me pasaría algo o me enfermaría; la única elección que tenía, lo único que podía controlar era cuándo y cómo y dónde iba a pasar, así que hice una cuerda y subí a la cima para colgarme; ya antes lo había probado, claro, y el peso del tronco venció la rama del árbol, así que, ni siquiera pude matarme como quería, no tenía poder sobre nada.

Y fue cuando tuve la sensación de un cobertor caliente, sabía que por algo tenía que continuar con vida, lo intuía. Tenía que seguir respirando, aunque no tuviera razón alguna porque mi lógica me decía que no volvería a ver este lugar. Y eso fue lo que hice: conservar la vida; seguir respirando, y un día la marea me trajo una vela y ahora aquí estoy. He vuelto a Memphis, estoy hablándote, tengo hielo en mi vaso y la he perdido una vez más.

Estoy tan triste porque ya no tengo a Kelly [...] pero sé lo que tengo que hacer ahora: seguir respirando, porque mañana saldrá el sol y quién sabe qué traiga la marea...[1]

Cuando te sientas desesperado por el dinero que no llega, por la salud tuya o de un ser amado, por la tristeza que te sigue y no te abandona, por el corazón que yace roto en tus manos, por el miedo que te paraliza y no te deja volar, por la desesperanza que erosiona la espera, por el abrazo que tanto te hace falta, por ese sueño que se tarda.

No creas que has de morir en esa isla.

Sigue respirando, no desistas de luchar, no desistas de intentar, tienes a Dios de tu lado y Él nos prometió que nuevas son sus misericordias cada mañana.

Alguien muy especial necesita leer esto: «Sigue respirando, náufrago de la vida, porque mañana saldrá el sol, y ¡quién sabe lo que traerá la marea!».

Cuando uno enferme,
el otro será el primer enfermero.
Si llora, sé su pañuelo.
Si tiembla, sé su abrazo.
Si tiene frío, sé su estufa.
Si algo le duele, sé su calmante.
Si pregunta, responde.
Si reclama, atiende y resuelve.

No des valor mayor o menor al amor de tu
vida por algo que algunos llaman defectos.
Tampoco cometas el error y la grosería
de reírte de alguna limitación.
Hay quienes, cuando dicen amar, denigran,
rebajan, avergüenzan, dañan la identidad
de aquella persona que está con ellos.
Eso es una relación enferma, por cierto,
pero jamás fue, es ni será amor.

42

Si quieres amarme,
sé anticuado

No sé si seré una ilusa, pero yo aún deseo ver en un hombre los detalles de amor que se suelen dar solo cuando se está realmente enamorado.

Esos detalles, como un inesperado ramo de flores, las largas llamadas solo porque sí y a todas horas, los chistes tontos solo por ver la sonrisa de su amor, que te extrañe todo el día, los detalles en gestos de amor más que en palabras, que esté al pendiente de ti en todo momento, que pregunte más de una vez si estás bien, que te mire a los ojos y te abrace, que siempre diga lo hermosa que estás (una y otra vez, porque cuando no lo diga, pensaremos que estamos feas), que sus halagos sean más constantes, que tus defectos sean virtudes para él, que no intente cambiarte, sino que te acepte tal cual eres, que te mande mensajes lindos, que aparezca en momentos inesperados, incluso si estás desarreglada y solo porque quiere verte.

Que te dedique canciones de amor, que no tema cantar a voz en cuello una canción solo para ti, aunque desafine. Que si te han ofendido haga todo lo posible por defenderte, que si estás en apuros sea capaz de quedarte a tu lado, tomarte de la mano y decirte que todo estará bien. Que le guste verte sonrojar, que te ame aunque estés de mal genio.

Que no se sienta incómodo de hablar contigo de cualquier cosa, y cualquier cosa... es cualquier cosa.

Que le guste el romanticismo, que se divierta o simplemente busque una excusa para divertirse contigo, que le sonrojen los halagos, que no sea machista. Que quiera jugar con tu cabello, darte un abrazo fuerte, agarrarte de la mano sin miedo o pena; que sea capaz de tener ambiciones e ir por delante de tus planes, y que si aún no los tiene, te ayude a alcanzar los tuyos, y que por ello no se sienta menos hombre.

Que no tenga temor, que si me visto linda no me iré con cualquiera; que sepa escuchar (aunque no lo sepa, por lo menos que haga el intento).

A las mujeres nos gusta ser protegidas, queridas, mimadas (no en exceso, aunque a veces sí), llenas de detalles (gestos pequeños), palabras bonitas y muchas pero muchas, muchas, muchas y muchas cosas más. Las mujeres somos complicadas, pero somos así; es porque queremos ser descubiertas de vez en vez.

A nosotras las mujeres, por muy seguras que aparentemos ser, nos gusta que nos den seguridad, y más por parte del hombre al cual amamos. No nos gusta demostrar de buenas a primera lo que sentimos, por la sencilla razón que sabemos de antemano que todo tiene que fluir poco a poco... sencillamente, porque fuimos creadas de forma especial.

A veces se nos olvida que somos reinas, y pretendemos ser princesas en espera de un príncipe que muchas veces resulta siendo un sapo encantado.

Fuimos creadas para reinar en el corazón de un caballero, y no para ganarnos el corazón de un príncipe. Que considere las lágrimas de una mujer como a diamantes y no como a agua salada, y que si quiere obtener uno de esos diamantes sea demostrando con hechos lo que su corazón siente por ella.

Ganar el corazón de una mujer es en sí una batalla de sangre que hay que lograr con destreza, creatividad y estrategia, y no con tosquedad y palabras efímeras dichas de vez en cuando solo porque sí.

Las mujeres somos inteligentes y nos damos
cuenta con facilidad de que alguien nos ama,
pero no podemos dar por sentado que nuestros
sentimientos siempre están a flor de piel y más
cuando nos gusta alguien..., las mujeres nos
ilusionamos fácilmente, podemos ser adolescentes,
jóvenes y hasta maduras, pero somos mujeres,
y al final un gesto de caballerosidad nos atrapa
el corazón, y he allí la razón por la cual nos
demostramos duras e implacables, pues nuestro
corazón fue hecho para amar y no simplemente
para bombear sangre.

Hombre, si quieres amar a una mujer, sé
anticuado, cursi, detallista, pasado de moda o
lo que sea, pero no pierdas esos detalles que a
nosotras nos encantan, porque sencillamente
un gran hombre conquista de esa manera, y es
así como los grandes hombres conquistan a las
grandes mujeres.[1]

43

¿Será mucho pedir?

Hay muchas cosas con las que nos podemos conformar en la vida. Sin embargo, la única cosa con la que nunca debemos conformarnos es en el amor.

♥

Nunca deberíamos conformarnos con alguien que no reconoce lo que está sosteniendo al sujetar nuestras manos o alguien que no nos recuerde todos los días lo mucho que significamos para él.

♥

Lo que realmente nos merecemos es... bueno, todo.

♥

Lo que me merezco es a alguien que me extrañe apenas salga por la puerta, incluso si solo me voy por un momento o apenas corte el teléfono con él.

Me merezco a alguien que no crea en cuentos de hadas, pero que sí me trate como una princesa, simplemente porque eso es lo que soy para él.

♥

Alguien que comparta sus pensamientos conmigo de forma honesta, porque vamos a compartir nuestras vidas de forma honesta juntos. Además, alguien que sepa perdonar y ser feliz, en lugar de buscar tener siempre la razón.

♥

Me merezco una pasión que despierte todo aquello que creía dormido en mí y que descubra a esa mujer que nunca me animé a mostrarle a nadie más.

♥

Me merezco sentirme amada siempre, y nunca dudar ni por un momento de lo que siente él por mí. Me merezco ser celebrada con ternura.

♥

Me merezco ese beso estremecedor que me haga temblar de pies a cabeza. Me merezco alguien que siempre elija el asiento de al lado y que nunca tenga que presumir de lo afortunado que es, porque todos pueden verlo claramente en su rostro cada vez que me mira.

Me merezco un amor verdadero y épico, que tenga todo lo anterior. Me merezco ser el sueño hecho realidad de alguien, y no alguien que me da por sentado.

○

Es por esa razón que no busco a un hombre cuya vida gire en torno a mí, pero sí quiero ser su primer pensamiento al despertar. Al acostarse nunca, porque yo espero estar ahí, a su lado, en el último parpadeo que tenga en su día.

○

Que si sueña conmigo, el sueño le parezca mediocre comparado con la realidad vivida conmigo, durante todo el día.

○

Que nunca dude que lo deseo en todo momento, pero que tampoco me tenga segura. Cuando estamos seguros de algo o de alguien, deja de tener la misma importancia. Somos así de absurdos.

○

Cada día debería ser una conquista nueva, un nuevo cruce de miradas, un primer beso (aunque ya me haya dado miles), una primera sonrisa tímida, un primer roce que me deje la piel de gallina y con ganas de decir que no pare, que no se detenga nunca.

♥

Tampoco quiero que me confunda con una chica trofeo. Me gusta arreglarme, ponerme guapa, mirarme en todos los espejos, pero no por ello quiero que solo me saque de paseo, ni que alardee de mí o que me busque solo cuando él tenga ganas. No hay nada más gratificante que presuman de ti, por supuesto, pero también que te disfruten a solas, sin nada más que un pijama... o ni siquiera eso.

♥

Tampoco quiero que sea correcto en todos los aspectos de su vida, porque tampoco yo lo soy... no podría estar con alguien al que le falte un poco de esa locura, un poco de «eso no se puede hacer, ¡pero qué importa!», un poco de romper las normas y los prejuicios, pero que cuando tenga que tener cabeza... la tenga por los dos.

♥

O sea, que sea tan loco para encantarme, pero que ame mucho a Dios y sea tan caballero para cuidarme. ¿Será mucho pedir?[1]

Jamás el amor será aprobado
si primero no es probado.
La vida ya tiene suficientes elementos
para someterlo a increíbles exámenes.
Superar los exámenes juntos es una doble satisfacción.
Se ama más al que sigue
decidiendo seguir conmigo, y uno de los
dos siempre quedará para contar la historia.
Que haya entre ustedes muchos besos, música, flores y
algodón, pero nunca falte entre ustedes determinación,
voluntad, sacrificio y decisión.
¿Para qué? Para ser felices, a pesar de
cualquier situación.

La persona que elijas como tu futura
esposa deberá ser —y no hacer...—
un aporte integral a toda tu vida.
La vida no solo es dinero, sexo y diversión.
Ella deberá sumar a tu proyecto,
y no lenta y sistemáticamente deformarlo.

44

Te extraño tanto...

«Cuando extrañas a alguien, el tiempo parece moverse más despacio, y cuando me enamoro de alguien, el tiempo parece pasar más deprisa». (Taylor Swift)

♡

«En el verdadero amor la distancia más pequeña es demasiado grande, y la distancia más grande puede ser cubierta». (Hans Nouwens)

♡

«Extrañar a alguien es tu corazón recordándote que lo amas».(Autor desconocido)

♡

«Dicen que cuando extrañas a alguien, ellos probablemente estén sintiendo lo mismo, pero no creo que sea posible extrañarme de la misma forma en que te extraño yo».(Edna St. Vincent Millay)

♡

«El amor es extrañar a alguien cada vez que estás separado, pero sentir el interior caliente porque estás cerca de corazón». (Kay Knudsen)

♡

«Si tuviese una flor para cada momento en que pienso en ti podría andar para siempre en mi jardín». (Claudia Adrienne Grandi)

♡

«Si extrañas a alguien, significa que eres afortunado. Significa que tuviste a alguien especial en tu vida, alguien a quien merece la pena extrañar». (Autor desconocido)

♡

«La razón por la que cuesta tanto separarnos es porque nuestras almas están conectadas». (Nicholas Sparks)

♡

«Le echo tanto de menos que, si estuviera sumergido en el agua, no echaría tanto de menos el oxígeno». (Dennis Lehane)

«No te permitas llegar a viejo sin haber vivido la aventura de saber que alguien te echa de menos». (Alejandro Palomas)

♥

«A veces cuando una persona no está presente, el mundo entero parece despoblado». (Alphonse de Lamartine)

♥

«Te extraño tanto, que me duele». (Nicholas Sparks)

♥

«La peor forma de extrañar a alguien es estar sentado a su lado y saber que nunca lo podrás tener». (Gabriel García Márquez)

♥

«Te extraño con cada pieza de mi corazón y con lo que queda de mi alma». (Autor desconocido)

♥

«Te extraño tanto que estás siempre en mi mente. Te amo tanto que estás siempre en mi corazón».[1] (Autor desconocido)

No hables tosco, torpe ni duro a quien amas.
Habla suave. Habla dulce.
Habla de tal manera que vengan los cambios,
y no de tal forma que su corazón se cierre.
Reclama cambios cuando así corresponda,
pero no olvides que tú eres el primero
al que no le deba costar cambiar.
No pongas condiciones tales como
«si no cambia...», y tú no estés dispuesto
a cambiar en eso que exiges en ella cambiar.
Eso es simplemente falta de autoridad.

45

Gracias por ser mi hogar

Creo que nos conocimos en el momento exacto.

Es casi como si hubiésemos estado destinados a unir nuestros caminos y no separarlos jamás. Como si la vida nos dijera que las cosas serían mejor si nos tomábamos de las manos, sin soltarlas. Y por eso quiero agradecerte, por haber llegado a mi vida y darle un nuevo sentido. Por hacer que mis días tengan más luz. Por provocar esas mariposas en mi vientre que vuelan hacia el encuentro con tu corazón. Por poder reflejar mis ojos en los tuyos y hacer que no quiera dejar de mirarlos jamás. Eres mi mejor espejo.

Gracias por ser tú, por ser la persona indicada. Por ser quien amo y amaré por siempre, pase lo que pase. Por hacerme sentir especial y saber que contigo puedo ser quien soy, sin ataduras y sin miedos.

Te hiciste parte de mi historia y te convertiste en lo mejor que me ha pasado, y así lo haces cada día cuando sonríes, cuando me demuestras todo ese amor que llevas dentro y que me hace pensar que al fin encontré a quien tanto había buscado, sin saberlo.

Te amaré por siempre y sé que tú también lo harás. Lo sabré cada vez que mire tus ojos antes de dormir y tu sonrisa cuando llegue la mañana.

Gracias por ser mi luz y mi calor. Gracias por llegar a mi vida y hacerla tan llena de felicidad. Eres la historia más bonita de mi vida. Eres mi mundo perfecto. Gracias por ser mi hogar, amor de mi vida.

46

El autito azul

Marzo del año 1975, tengo siete años. Mi mamá tiene que ir otra vez al hospital, mi hermano la va a acompañar y mi papá trabaja en la carpintería. Yo aún no sé que ella tiene cáncer, solo que va al hospital muy seguido, pero esta vez no hay quién me cuide ni me pueden llevar.

—Si te animas a quedarte solo unas horas, solito, a la vuelta te compro un autito, de los caros, los de colección...

—Bueno... —le digo— pero uno de policía (nunca había tenido uno hasta ese entonces).

—Es un trato, Dante —responde mamá, muy débil.

Es la primera vez que siento la soledad, enciendo la tele, pero solo hay un noticiero, en blanco y negro. Los demás canales aún no comienzan a transmitir. Pero al menos, hay algo de ruido y no tengo tanto miedo. El autito valdrá la pena, y también la espera. De tanto en tanto hablo solo o trato de cantar, para que la casa no se sienta tan sombría.

A las horas veo por la ventana que mamá regresa del brazo de mi hermano, de su sesión de quimioterapia. Pero no olvidó el regalo; el autito se ve impecable, en su cajita; es azul, de policía, y es de los que se abren las puertas, de colección.

—¿Me prometes cuidarlo? Salió muy caro... —dice.

—Es un trato, mami; ¡siempre estará conmigo!

—Bah... no sé por qué te lo digo, si luego lo dejarás tirado por ahí —dice antes de tirarse en la cama.

—Dije que te lo prometo —repito— ya vas a ver que lo cuidaré.

Hoy, exactamente cuarenta años después, aún conservo aquel autito que más de una vez le mezquiné a mis hijos. Soportó cuatro décadas, docenas de mudanzas y toda una vida adulta. Supongo que no vale un peso, pero para mí significa la promesa inquebrantable de un niñito de siete años.

¿Viste ma'? Esa fue una de tus últimas visitas al hospital antes de que el Señor te sanara... y mi primer encuentro con la soledad.

Mi cabaña frente al océano

Es un sueño, mi sueño.

Me veo delgado, canoso; camino sobre la playa, no distingo en qué lugar geográfico me encuentro, nunca he estado allí antes, pero siento que finalmente encontré el reposo del guerrero; es mi anhelada estación antes de partir hacia mi último hogar.

Es una cabaña frente al océano, sobre una montaña, se ve sencilla pero acogedora, hay un enorme faro muy cerca que puede verse desde la ventana. Las olas golpean en los acantilados, comienza a llover, por cierto, hace frío, pienso que podría tratarse del Pacífico o el Mediterráneo, o quizá mucho más cerca.

Entro a la casa y siento la sensación de lo tibio; mientras, sigo escribiendo mi último libro, supongo que es un legado a esos miles de jóvenes que envejecieron conmigo y a los que vendrán luego que me haya ido. La lluvia repiquetea sobre la ventana en donde tengo mi escritorio. Sé que estoy soñando, pero por extraño que parezca, siento el olor a café recién hecho y puedo palpar la textura de la madera de mi escritorio. La chimenea me deja escuchar el ruido chispeante de los leños. Afuera sigue lloviendo.

Me veo inspirado, no paro de escribir. Hay un tablero de dibujo a mi lado y se ven algunos bocetos desparramados, interpreto que también he vuelto a mi vieja pasión de dibujar (aunque no lo estoy haciendo durante el sueño).

Casi no siento ruidos en la casa, solo se escuchan los golpeteos rítmicos de la lluvia sobre la ventana.

Ella me abraza por la espalda y me susurra: «Ya estamos en nuestro hogar, papi». Siento una enorme sensación de paz.

No sé cuándo llegaré allí, solo sé que en el cuadro hay un faro, una casa junto a la playa, y un hombre que pagó su derecho a vivir.

Porque al fin y al cabo, un trato... es un trato.

Notas

Epígrafe

1. Porción de la canción «Vida», compuesta por Armando Larrinaga, interpretada por La Mafia y Marc Anthony.

11. Yo invito

1. Gabriel García Márquez, en www.goodreads.com/quotes/tag/enamorarse.
2. Robin Williams, en http://dilo.confrases.com.

12. Para ese amor que sueño desde que era una niña...

1. Este texto me lo envió una chica que lo escribió en «Mi amor, te espero», en http://esperandoteamor.blogspot.com/.

13. Tu mejor versión

1. «El café de los corazones rotos de Penélope Stokes», *Serendipia*, 13 febrero 2012, http://serendipia-monica.blogspot.com/.

14. Un pequeño recuerdo en el ojo

1. De la película *Diario de una pasión*, dirigida por Nick Cassavetes, Estados Unidos, 2004.

15. A las mujeres que no se sienten perfectas

1. Firmado anónimamente por «Nosotros los hombres», texto que ha dado vuelta por la red desde hace años.

16. «La lluvia ya no cae como antes»

1. De la película *El mismo amor, la misma lluvia*, dirigida por Juan José Campanella, Argentina, 1999.
2. Andrés Miranda, *Siempre Estuve Aquí* (Mentor Internacional, 2015), p. 77. Usado con permiso.
3. «¿Qué será?», canción compuesta por Jimmy Fontana, interpretada y popularizada por José Feliciano.

18. Prefiero (El deseo de toda mujer)

1. Autora desconocida, en http://renuevo.com/reflexiones-ahora-que-estoy-vivo.html.

19. Otro día sin amor

1. «Un hombre busca una mujer», canción compuesta por Juan Carlos Calderón e interpretada por Luis Miguel.
2. «El hombre que yo amo», canción compuesta por Gogo Muñoz e interpretada por Myriam Hernández.

21. ¿Por qué te amo tanto?

1. Alguna autora cuyo nombre desconozco, pero sí sabe de amar, en http://zowiilove.blogspot.com/2012/11/por-que-me-amas-tanto.html.

22. ¿Sabes lo que es un suspiro?

1. Gabriel García Márquez, en users.skynet.be/evds/SBC/sbc184.html.

24. Esas frases inolvidables

1. Frase tomada de la película *Una chica fuera de serie*, dirigida por Yann Samuell, Estados Unidos, 2008.
2. Tomada de la película *Novia a la fuga*, dirigida por Garry Marshall, Estados Unidos, 1999.
3. Tomada de la película *Cuando Harry encontró a Sally*, dirigida por Rob Reiner, Estados Unidos, 1989.
4. Tomada de la película *Un lugar en el sol*, dirigida por George Stevens, Estados Unidos, 1951.
5. Tomada de *¿Conoces a Joe Black?*, dirigida por Martin Brest, Estados Unidos, 1998.
6. Tomada de *Cuando Harry encontró...*
7. Autor desconocido, en www.frasesypostales.com.
8. Proverbio chino.
9. En http://frasesbonitasparafb.blogspot.com.

26. Y... ¿qué queremos las mujeres?

1. Otra autora desconocida, ¡qué sabe lo que necesita!, en https://www.pinterest.com/pin/375558056407347659/.

27. A las princesas que se cansan de esperar

1. «No me puedo quejar», canción compuesta por Camilo Blanes y Sergio Fachelli, e interpretada por Ángela Carrasco.
2. Tomado de la película *Titanic*, guión y dirección James Cameron, Estados Unidos, 1997.

28. Ese hombre sí existe

1. De la serie *Inuyasha*.
2. Tomado de www.taringa.net.
3. Ibíd.
4. Ibíd.
5. Alicia Olivera Prieto, «Si pudiese ser una parte de ti...», *Frases para el alma*, 16 julio 2015, en frasesparaelalma2015.blogspot.com/2015/07/si-pudiese-ser-una-parte-de-ti_16.html.

34. Los besos que nunca di

1. Adaptado de un maravilloso texto del blog *Amores imperfectos*, del periodista y escritor Marcelo Puglia, autor de once libros publicados en toda América Latina y Europa. Usado con permiso.

37. ¿Cómo te va mi amor?

1. «¿Cómo te va mi amor?», canción compuesta por Hernaldo Zúñiga e interpretada por el grupo Pandora.
2. Tomada de *Cuando Harry encontró...*
3. Tomada de *Forrest Gump*, dirigida por Robert Zemeckis, Estados Unidos, 1994.

39. Enamórate

1. Martha Rivera Garrido, Fragmento de «Los amantes de Inbox de papel», en https://subocaessumedida.wordpress.com/category/los-amantes-de-inbox-de-papel.

40. Si tan solo pudieras, ¿cambiarías algo en tu vida?

1. *El efecto mariposa*, dirigida por Eric Bress, Estados Unidos, 2004.

41. Sigue respirando

1. Texto recreado por el autor, de la película *Náufrago*, dirigida por Robert Zemeckis, Estados Unidos, 2000.

42. Si quiere amarme, sé anticuado

1. Basado en una maravillosa carta de una chica enamorada, de Venezuela.

43. ¿Será mucho pedir?

1. Escribe una mujer enamorada de ese tipo de hombre que ya no abunda.

44. Te extraño tanto...

1. Todas estas frases han sido tomadas de www.upsocl.com/.../20-frases-que-te-haran-entender-la-forma-en-la-que-extranas-a-t...

Consejos

1. Todos los consejos románticos intercalados en el texto han sido adaptados de Omar Herrera, de «Cartas a Cristina» en *Amor que me hace bien*. www.omarhererra.com.

Acerca del autor

Dante Gebel es un reconocido conferencista, orador, actor y conductor de televisión.

Es el pastor de River Arena, en Anaheim, California, una de las iglesias de mayor crecimiento en el mundo hispano. Su programa «Dante Gebel Live» emite sus conferencias a canales de todo el mundo; además, Dante conduce y produce un programa nocturno que se emite de costa a costa en Estados Unidos llamado «Dante Night Show», donde lleva a cabo monólogos humorísticos acerca de la vida cotidiana, entrevistas a famosos y reflexiones.

Dante ha escrito varios libros: El código del campeón; Pasión de multitudes; Las arenas del alma; Monólogos de Dante Gebel; Los Mejores Mensajes I y II, y Destinado al éxito.

Ha realizado varios espectáculos multitudinarios en diferentes estadios de América, a los que llama Superclásicos de la Juventud.

Gebel es reconocido en el mundo hispano como uno de los oradores más extraordinarios enfocados en la juventud y la familia, capaz de conducir al público por las más fascinantes historias que van desde las risas hasta las lágrimas; es llamado por la prensa «el pastor de los jóvenes».

Dante reside en Anaheim, Estados Unidos, está casado con Liliana y tienen cuatro hijos: Brian, Kevin, Jason y Megan.

www.dantegebel.com

www.river-church.org

informes@river-church.org